플랫폼 자본주의
Platform Capitalism

Platform Capitalism(1st Edition) **by Nick Srnicek**

Korean translation copyright © King Kong Books
This Korean translation is published by arrangement with
Polity Press Ltd. through Greenbook Literary Agency.

이 책의 한국어 판권은 그린북저작권에이전시영미권을 통해
저작권자와 독점 계약한 킹콩북에 있습니다.
저작권법에 의해 한국 내에서 보호받는 저작물이므로
무단 전재와 무단 복제를 금합니다.

플랫폼 자본주의
PLATFORM CAPITALISM

닉 서르닉 지음 · 심성보 옮김

킹콩북

일러두기

1. 이 책은 다음 책을 완역한 것이다. Nick Srnicek, *Platform Capitalism*, Polity Press, 2016.
2. 인명, 지명, 작품명은 국립국어원의 외래어 표기법을 따랐다. 단 이미 관례로 굳어진 표현은 그대로 따랐다.
3. 미주에는 '지은이 주'와 '옮긴이 주'가 있다. 옮긴이 주는 본문의 이해에 필요한 추가 설명을 제시하고 따로 구분해 주었다.
4. 대괄호(〔〕) 안의 내용은 옮긴이가 원문에 덧붙인 내용이나 표현이다. 헷갈리거나 내용 이해에 방해가 된다면 건너 띄고 읽어도 괜찮다.
5. 지은이가 인용한 문헌 가운데 한국어판이 있으면 같이 표기했다.

차례

007	감사의 말
009	서론
017	1장. 장기침체
043	2장. 플랫폼 자본주의
097	3장. 거대한 플랫폼 전쟁
131	옮긴이 후기
157	미주
173	참고문헌

감사의 말

이 책은 많은 사람의 도움으로 완성되었다. 프로젝트를 시작하고 제안한 로랑 드 서터에게 감사를 전한다. 또 이 프로젝트를 함께한 폴리티 출판사의 팀에게 감사를 표한다. 조지 오워즈, 닐 드 코드, 마누엘라 테쿠산이 그들이다. 알렉스 앤드루스는 기술 자문으로 커다란 도움을 주었다. 디안 바우어, 수하일 말릭, 베네틱트 싱글톤, 키스 틸포드, 알렉스 윌리엄스 등 많은 사람이 초고를 읽어주었다. 그들과 더불어 익명의 논평자 두 분에게 큰 빚을 졌다. 마지막으로 헬렌 헤스터의 도움을 빼놓을 수 없겠다. 그녀는 언제나 나를 지지해주었고 가장 도전적이고 통찰력이 넘치는 비평가가 되어 주었다.

서론

거대한 전환의 시대를 살고 있다는 이야기가 오늘날 들려온다. 공유경제, 긱경제, 4차 산업혁명 같은 단어가 주위를 맴돌고 기업가 정신, 유연성이라는 매력적인 이미지가 입가를 떠나지 않는다. 노동자로서 우리는 평생직장이라는 굴레를 벗어나 자신만의 길을 개척할 기회를 얻는다. 이제는 [노동력만 아니라] 상품이건 서비스건 자신이 원하는 모두를 판매한다. 소비자로서 우리는 주문형 서비스라는 풍요로운 혜택을 누린다. 네트워크로 연결된 수많은 장치는 우리의 변덕을 들어준다고 약속한다. 이 책은 오늘날 이런 변화와 그 기술적 아바타, 예를 들어 최근에 출현한 플랫폼, 빅데이터, 3D프린터, 로봇공학, 머신러닝, 사물인터넷 따위를 다룬다. 이 책은 이런 주제를 다루는 최초의 시도는 아니지만, 기존의 작업과는 다른 식으로 접근한다. 예를 들어 몇몇 평론가는 새로 출현한 기술의 정치적 측면에 초점을 맞춘다. 그들은 사생활 침해와 국가의 감시를 강조하지만, 소유권과 이윤을 둘러싼 경제적 문제는 한쪽으로 제쳐둔다. 다른 몇몇 평론가는 기업이 특정한 이념과 가치를 어떻게 구현하는지 강조한다. 그들은 기업의 비인도적 행위에 날을 세우지만, 이번에도 경제적 맥락과 자본주의 체제의 명령에는 주목하지 않는다.[1] 다른 한편 몇몇 학자는 최근에 출현한 이런 경제적 경향에 초점을 두지만, 그것을 독자적 현상으로 여긴 나머지 그 역사적 배경에는 대체로 침묵한다. 그들은 오늘날 우리가 왜 이런 경제를 맞이하고 있는지, 오늘날 경제가 어제의 문제에 어떻게 답하고 있는지 파고들지 않는다. 마지막으로 수많은 사람이 스마트 경제에서 노동자의 처지가 얼마나 불리해지는지, 디지털 노동에서 노동과 자본의 관계가 어떻게 변하고 있는지 분석한다. 그러나 여기서도 더 넓은 경제적 경향이나 자본 간 경쟁은 분석의 대상에서 밀려난다.[2]

이 책은 두 가지 방법으로 기존의 다른 접근을 보완하려고 한다. 한편으로는 디지털 기술과 자본주의의 경제사를 고려하고 다른 한편으로는 오늘날 자본주의에 내재하는 다양한 사업economic 방식과 경쟁 압력을 살펴볼 것이다. 이런 맥락에서 주요 기술회사는 자본주의 생산양식의 경제적 행위자로 다뤄지며, 이렇게 접근할 때 그들에 관해 많은 점을 알 수 있다고 우리는 주장할 것이다. 이 책의 핵심에는 바로 이런 시각이 놓여 있으며, 거대 기술회사는 문화적 가치, 특히 캘리포니아 이데올로기를 따르는 행위자로 간주되지 않는다. 마찬가지로 그들은 권력 행사를 추구하는 정치적 행위자로 여겨지지 않는다. 요컨대 기술회사는 〔경제적〕 행위자로 이윤을 추구하고 경쟁을 물리쳐야 한다. 이런 식으로 규정하면 앞으로 어떤 일이 일어날지 합리적으로 예측하는 데 엄격한 제약이 가해진다. 특히 자본주의는 기업이 새로운 이윤, 새로운 시장, 새로운 상품, 새로운 착취수단을 찾도록 끊임없이 요구한다. 물론 이는 노동보다 자본에 초점을 맞춘 접근이다. 그래서 어떤 사람이 볼 때는 속류 경제주의로 비칠지도 모른다. 그러나 노동운동이 크게 후퇴한 상황에서, 자본의 행위에 우선권을 주는 것은 현실을 고려한 조치일 뿐 그 이상도 그 이하도 아니다.

그런데 디지털 기술이 자본주의에 미치는 효과를 알려면, 가장 먼저 어디에 초점을 맞춰야 하는가? 대개는 기술 분야에 눈길을 돌리지만,[3] 엄밀히 말해 이 분야는 전체 경제에서 비교적 작은 몫을 차지할 뿐이다. 미국에서는 부가가치로 따지면 민간 회사의 6.8% 정도에 불과하며 고용 규모로 살펴도 전체의 2.5%를 넘지 않는다.[4] 그에 비해 제조업은 탈산업화의 흐름에도 그보다 네 배나 많은 인원을 고용하고 있다. 영국에서도 제조업은 기술 분야보다 거의 세 배나 많은 인구를 사용한다.[5] 부분적으로 그 이유는 악명 높게도 기술회사의 인원이 너무 적기 때문이다. 물론 구글은 6만 명을 직접 고용하고 페이스북은 1만 2,000명을 사용한다. 그러나 왓츠앱이 페이스북에 190억 달러에 팔렸을 때, 그곳에는 55명만 일하고 있었다. 인스타그램도 10억 달러에 팔렸을 때, 고작 15명만 사용하고 있었다.[6] 이와 달리 1962년에는 가장 중요한 기업이 가장 많은 노동자를 고용했다. AT&T는 56만 4,000명을 사용하고 엑손은 15만 명을 채용했다. GM은 60만 5,000명이라는 숫자를 유지했다.[7] 따라서 디지털 경제를 논할 때, 우리는 산업 분류가 규정하는 기술 분야뿐 아니라 그 이상의 범주를 고려해야 한다.

예비적으로 규정하면, 디지털 경제는 기업의 사업모델이 정보통신, 인터넷, 데이터에 점점 더 의존하게 되는 사업방식 일체를 가리킨다. 이 분야는 제조, 서비스, 운송, 광업, 통신 등 전통적인 산업에 영향을 미치며, 오늘날 경제의 많은 부분에서 사실상 필수적인 요소가 되고 있다. 이런 식으로 이해하면 디지털 경제는 산업 분류가 보여주는 현실보다 훨씬 더 중요하다. 가장 먼저, 디지털 경제는 오늘날 경제에서 가장 역동적인 부분으로 드러난다. 이른바 지속적 혁신이 일어나고 경제성장을 이끄는 분야로 여겨진다. 요컨대 디지털 경제는 그밖에 다소 정체된 경제 상황에 한 줄기 빛으로 작용한다. 다음으로, 디지털 경제는 금융의 역할과 마찬가지로 구조적인 면에서 중요하다. 오늘날 디지털 경제는 경제의 하부구조에 점점 더 안착한다. 따라서 그것이 붕괴하며 경제적 재앙이 일어나기도 한다. 마지막으로, 특유의 역동성 때문에 디지털 경제는 오늘날 자본주의를 널리 정당화하는 이상으로 여겨진다. 디지털 경제는 헤게모니 모델이 되고 있는데, 이를테면 도시는 스마트하게 바뀌고 기업은 혁신을 거듭해야 하며, 노동자는 유연하게 변하고 정부는 군살을 덜어내고 지능적으로 일해야 한다. 이런 환경에서 열심히 일하는 사람은 변화를 이용해야 살아남는다. 적어도 이런 담론이 들려온다.

이 책의 주장은 이윤 생산이 장기적으로 하락하고 제조업이 부진에 빠지자, 자본주의가 경제성장을 회복하고 활력을 유지하는 수단으로 데이터에 눈을 돌렸다는 데 있다. 21세기에 접어들어, 디지털 기술의 변화에 힘입어 데이터는 기업과 그들의 노동자, 소비자뿐 아니라 다른 자본과의 관계에서 가치를 더해갔다. 플랫폼은 거대한 양의 데이터를 추출하고 통제하게 하는 새로운 사업 모델이 되었고, 이런 변화와 더불어 우리가 보듯이 거대한 독점 기업이 탄생했다. 오늘날 이런 기업은 선진국과 중진국 경제를 점점 더 지배하고 있다. 이 책에서 묘사하는 동학이 암시하듯이, 이런 경향은 앞으로도 지속될 것으로 여겨진다. 여기서 우리의 목표는 이런 플랫폼을 경제사라는 더 넓은 맥락에 올려놓고 플랫폼 자체를 이윤 창출의 기제로 이해하는 데 있다. 그리고 플랫폼이 최종적으로 생산하는 몇 가지 경향을 살펴보는 데 있다.

이 책은 부분적으로 기존 연구를 종합하고 있다. 1장의 논의는 2008년 이후 오늘날 경제의 토대를 마련한 몇 가지 위기를 다룬다. 따라서 경제사를 전공한 사람이라면 그 내용이 익숙할 것이다. 1장의 목표는 최신 기술을 역사화하는 데 있다. 여기서 기술은 더 심층적인 자본주의 경향의 산물로 여겨지며 착취·경쟁·배제의 체계와 어떻게 연루되는지 분석될 것이다. 2장의 주제는 기술 산업에 종사하는 사람이라면 익숙한 내용이다. 여러 가지 면에서 이 장은 현재 진행 중인 업계의 잡다한 논의에 명확성을 부여하려고 한다. 예를 들어 플랫폼의 기원을 설명하고 몇 가지 유형을 분류할 것이다. 그러나 3장에서는 모든 사람이 새로운 내용을 찾기를 바란다. 앞선 장들에 기초해 이 장은 플랫폼 자본주의의 미래를 전망하려고 한다. 그것이 유발한 몇 가지 잠재적 경향을 살펴보고 개괄적인 예측을 시도할 것이다. 모든 정치적 기획에는 이런 식의 미래 전망이 필수적이다. 과거와 미래를 어떻게 이해하는가의 문제는 오늘날 사회를 바꾸려는 정치 전술을 어떻게 전략적으로 사유하고 발명하는가라는 문제에 매우 중요하다. 요컨대 최신 기술을 새로운 축적체제의 시작으로 보느냐, 이전 체제의 연속으로 보느냐에 따라 몇 가지 차이가 생겨난다. 이는 위기 가능성〔을 진단하는 데〕영향을 미치고, 그 위기가 어디에서 일어날지 판단하는 데에도 영향을 미친다. 나아가 자본주의 아래 노동의 가능한 미래를 전망하는 데에도 영향을 미친다. 이 책의 주장 가운데 일부는 현실의 외견상 새로움이 장기적 경향의 지속을 은폐한다는 데 있다. 그러나 이와 동시에 오늘날 중대한 변화가 일어나고 있으며 21세기 좌파는 이런 변화를 이해해야 한다고 이 책에서는 강력히 주장한다. 우리는 더 넓은 맥락에 자신을 올려놓고 자기 위치를 가늠해야 한다. 바로 거기서 맥락 자체를 바꾸는 새로운 전략이 생겨날 수 있다.

1장. 장기침체

오늘날 우리가 처한 상황을 이해하려면, 그전에 일어난 사건과 지금의 상황이 어떻게 연결되는지 고려해야 한다. 어떤 현상이 겉으로는 완전히 새로워 보여도, 역사적 관점에서 살펴보면 단순한 연속성이 드러나기도 한다. 이번 장에서는 비교적 최근의 자본주의 역사 가운데 오늘날의 국면과 특별히 연결된 세 가지 계기가 있다고 주장할 것이다. 1970년대 침체에 대한 대응, 1990년대 거품과 붕괴, 2008년 위기에 대한 대응이 그것이다. 이들 각각의 계기는 새로운 디지털 경제의 무대를 마련하고 디지털 경제의 발전 경로에 영향을 미쳤다. 그러나 이 모든 계기는 자본주의라는 더 넓은 경제 체계와 그것이 기업 및 노동자에게 가하는 명령과 한계라는 맥락 안에 우선적으로 놓여야 한다. 자본주의는 놀라울 정도로 유연한 체계이지만, 주어진 역사적 시기마다 포괄적인 제약으로 작용하는 몇 가지 불변적 특징도 가진다. 따라서 오늘날 상황에 어떤 원인, 동학, 결과가 있는지 알고자 한다면, 가장 먼저 자본주의가 어떻게 작동하는지 고려해야 한다.

자본주의는 현재까지의 모든 생산양식 가운데 생산성 수준을 높이는 데 탁월하게 성공한다.[1] 그 아래 성장은 점점 더 빨라지고 생활수준도 점점 더 나아졌다. 이는 자본주의 경제의 전례 없는 능력을 보여주는 결정적 동학으로 여겨진다. 그렇다면 무엇이 자본주의를 다르게 만드는가?[2] 그 차이는 심리적 메커니즘으로 해소되지 않는다. 우리는 언젠가 우리의 조상보다 탐욕스럽게 살자고 맹세하지도 않았고, 더 효율적으로 살자고 다 같이 결심하지도 않았다. 대신에 사회적 관계, 특히 소유관계의 변화가 생산성 증대를 많은 부분 설명한다. 전前 자본주의 사회에서 생산자는 자신의 생계수단, 예를 들어 농지와 건물에 직접적으로 접근했다. 이런 조건 아래, 생존은 그 사람의 생산과정이 얼마나 효율적인가에 체계적으로 의존하지 않는다. 자연 주기는 변덕이 심하고 작물은 매년 일정한 소출을 내지 못했다. 따라서 체계적 제약보다는 우발적 제약이 생산을 좌우했다. 이런 상황에서 생존에는 무엇이 필요한가? 그저 열심히 일하는 것, 그것이 전부였다. 그러나 자본주의가 발전하면서 변화가 일어났다. 이제 경제적 행위자는 생산수단과 분리된다. 그리고 시장으로 눈을 돌려 생존에 필요한 상품을 얻어야 한다. 시장은 수천 년 전부터 존재했지만, 자본주의 아래 경제적 행위자는 **일반화된** 시장이라는 독특한 조건에 직면한다. 이로 인해 생산 역시 시장을 지향하는 것으로 변해간다. 돈을 벌기 위해서는 상품을 팔아야 하고 그 돈으로 생존에 필요한 상품을 사야 했다. 그러나 거의 모든 사람이 시장 판매에 기대게 되면서, 생산자는 경쟁이라는 압력에 처하게 되었다. 상품이 너무 비싸면 팔리지 않아서 생산자는 순식간에 파산에 들어갈 수 있다. 따라서 일반화된 시장 의존이란 생산비를 줄여야 한다는 명령으로 이어졌다. 이는 다양한 방식으로 실현될 수 있다. 그러나 가장 주된 수단은 효율적 기술과 테크닉을 사용해, 노동과정을 변형하고 전문화를 추구하며 경쟁자를 방해하는 데 있었다. 이와 같은 경쟁 행위는 최종적으로 자본주의의 중단기 경향으로 표출되었다. 요컨대 가격은 비용 수준으로 급격히 떨어지고, 서로 다른 산업 간에는 이윤이 비슷하게 변해가며, 가차 없는 성장이 자본주의의 절대 논리가 되었다. 이런 축적의 논리가 암묵적이고 당연한 요소가 되었고 기업의 모든 의사결정, 이를테면 누구를 고용할지, 어디에 투자할지, 무엇을 건설할지, 무엇을 생산할지, 누구에게 판매할지 따위의 판단에 완전히 녹아들었다.

자본주의에 관한 이런 도식적 모델은 자본주의가 기술적 변화를 끝없이 요구한다는 한 가지 중요한 결과를 도출한다. 자본가는 비용을 줄이고 경쟁자를 물리치며 노동자를 통제하고 회전주기를 줄이며 시장점유율을 높이려고 하는데, 그 과정에서 노동과정을 변형하려는〔기술적〕유혹에 끊임없이 이끌린다. 달리 말해 자본가는 노동생산성을 지속적으로 높이는 동시에 이윤을 효과적으로 창출해 다른 경쟁자를 물리치려고 한다. 이런 경향은 결국 자본주의의 거대한 동학으로 이어진다. 그러나 기술은〔자본 간 경쟁뿐 아니라〕다른 측면에서도 자본주의에 매우 중요하다. 조금 더 자세히 살펴보면, 기술은 노동자의 숙련을 박탈하고 숙련 노동자의 힘을 빼앗는 데 사용된다(물론 재숙련화로 향하는 반대 경향이 존재한다).[3] 이런 탈숙련화 기술은 노동자를 더 저렴하고 유순하게 만들며 숙련된 노동자를 비숙련 노동자로 대체한다. 게다가 탈숙련 기술은 작업의 정신적·심리적 과정까지 노동자의 손에서 경영자 쪽으로 옮겨버린다. 그러나 이런 기술 변화의 이면에는 언제나 경쟁과 투쟁이 놓여 있다. 계급 간에는 서로를 물리치고 힘의 우위에 서려는 투쟁이 벌어진다. 자본가 사이에는 사회적 평균보다 생산비를 낮추려는 격렬한 경쟁이 존재한다. 특히 후자의 동학은 이 책에서 다루는 주요 변화들에 매우 중요하다. 이제 디지털 경제를 논하기 전에, 그 전 시기로 돌아가 어떤 일이 일어났는지 살펴볼 차례이다.

전후 예외주의의 종말

오늘날 많은 사람이 깨닫고 있듯이 전후 체제는 완전히 붕괴했다. 우리는 이런 사실과 애써 타협하는 시대를 살고 있다. 토마 피케티는 2차 세계대전 이후 불평등 감소가 자본주의의 일반 법칙에서 하나의 예외였다고 주장한다. 로버트 고든은 20세기 중반의 높은 성장세가 역사적 규칙에서 벗어났다고 생각한다. 수많은 좌파 사상가도 오래전부터 비슷한 주장을 펼쳤다. 그들에 따르면 전후 시기는 자본주의의 황금기로 일시적 현상이었다.[4] 요컨대 국제적 수준에서는 자유주의가 확장하고 국가적 수준에서는 사민주의 타협이 이뤄졌으며 경제적 수준에서는 포드주의가 자리 잡았다. 이 모두가 예외주의라는 계기를 마련했지만, 1970년대 이후 모든 것이 무너져 내렸다.

고소득 경제의 전후 상황에는 어떤 특징이 있는가? 우리의 목적에 비춰볼 때 특히 두 가지 요소가 중요하다(물론 서로 배타적인 요소가 아니다). 하나는 사업모델이고 다른 하나는 고용의 성격이다. 2차 세계대전이 폐허로 끝나자, 미국의 제조업은 세계의 지배적 위치로 올라섰다. 미국의 제조업은 포드식으로 지어진 대규모 제조공장으로 바뀌었고 자동차 산업은 그 전형이 되었다. 이런 공장은 대량생산, 상명하달식 관리통제, '비상대비 just in case, JIC' 접근을 지향했다. JIC 접근이란 말 그대로 수요의 갑작스런 변동에 대비해 여분의 재고와 노동자를 확보하는 방식이다. 노동과정은 테일러주의 원칙에 따라 조직되었다. 테일러주의는 작업 과정을 잘게 잘라 탈숙련화된 부분으로 나누고, 그 부분을 가장 효율적으로 재편하려고 한다. 이런 목적 아래 노동자는 단일한 공장 안에 집단적으로 배치되었다. 따라서 대량의 [균질한] 노동자가 탄생하고, 동일한 조건을 공유한다는 토대 위에 집합적인 노동자 정체성이 발전할 수 있었다. 이 시기 노동조합은 자본과 호각세를 이루며 노동자의 대표 기관으로 자리 잡았다(물론 더 급진적인 세력은 주변으로 밀려났다).[5] 단체협상은 임금을 적절한 속도로 끌어올렸고 더 많은 노동자가 제조업 분야로 몰려들었다. 비교적

안정된 고용, 높은 임금, 건실한 연금이 보장된 탓이었다. 이와 동시에 복지국가는 노동시장에서 탈락한 사람에게 일정한 소득을 보전해주었다.

전쟁으로 주요 경쟁국이 파괴되었고, 그 덕분에 미국의 제조업은 높은 수익을 올렸으며 전후 시기에 가장 강력한 지위에 올라섰다.[6] 하지만 일본과 독일에는 경쟁 우위가 나름대로 있었다. 노동력 비용이 상대적으로 저렴했고 숙련된 노동력이 많았으며 환율에서도 유리했다. 특히 일본에서는 정부, 은행, 주요 기업 사이에 긴밀한 공조체제가 들어섰다. 아울러 미국의 마셜 플랜으로 이들 국가는 수출 시장을 넓히고 투자 수준을 크게 늘릴 수 있었다. 1950년대와 1960년대 사이에 일본과 독일의 제조업은 생산량과 생산성 측면에서 급격히 성장했다. 게다가 세계시장이 팽창하고 전 지구적 수요가 늘어나면서, 일본과 독일 회사는 미국계 회사의 점유율을 갉아먹기 시작했다. 세계시장의 측면에서 수출을 노리고 생산하는 복수의 거대한 제조업체가 갑자기 늘어났다. 그 결과 전 지구에 걸쳐 과잉설비와 과잉생산이 일어나고 공산품 가격이 낮아지는 하방압력이 가해졌다. 1960년대 중반에 이르자 일본과 독일의 경쟁자는 미국의 제조업보다 저렴한 가격에 상품을 팔기 시작했다. 이로 인해 미국에서는 수익성 위기가 일어났다. 그러나 높은 고정비용 탓에 더 이상 가격으로 승부할 수 없었다. 그 대신 환율 조정이 잇따라 일어났고 수익성 위기는 최종적으로 독일과 일본으로 전가되었다. 이런 식으로 위기는 1970년대 전 지구적 수준이 되었다.

이윤율 하락에 직면에 제조업체는 사업방식을 개선하려고 했다. 가장 먼저, 기업은 성공한 경쟁자에 눈을 돌려 그들을 모방하기 시작했다. 미국의 포드주의 모델은 일본의 토요타 모델로 바뀌었다.[7] 노동과정의 측면에서 생산은 간소화되었다. 일종의 초-토요타주의는 생산과정을 미세한 부분으로 나누어, 그 과정에서 정지 시간과 저항 요소를 최소한으로 줄이려고 했다. 이런 관점에서 전체 과정은 가능하면 간소하게 재편되었다. 기업은 주주와 경영 컨설턴트의 입김에 따라 핵심 사업으로 철수했고, 과잉인력은 눈곱만큼도 허용하지 않았으며 재고는 최저 수준으로 유지했다. 이는 정교하게 발전한 공급관리 프로그램의 도움으로 추진되었고 실현되었다. 그 덕분에 제조업체는 적시에 필요한 만큼만 재고를 주문하고, 또 적시에 공급을 기대할 수 있었다. 다른 한편 동질적 상품을 생산하는 대량생산이 줄어들고 고객의 욕구에 부응하는 고객 맞춤형 상품이 점점 더 늘어났다. 그러나 이런 노력은 일본과 독일의 경쟁 전략에 쉽게 따라 잡혔다. 그들 역시 이윤을 높이려고 최선을 다했고, 게다가 (한국, 대만, 싱가포르, 최근에는 중국까지) 새로운 경쟁자가 시장에 진입하기 시작했다. 그 결과 국제경쟁, 과잉설비, 가격의 하방압력이라는 고질적 문제가 여전히 해결되지 않았다.

이윤을 회복하려는 두 번째 주요 수단은 노동의 힘을 공격하는 데 있었다. 서구 세계 전체에서 노동조합은 전면적인 공격에 시달렸고 결국은 무너지기 시작했다. 노동조합은 새로운 법적 구속에 직면하고 여러 산업에서 탈규제화 시도가 일어났다. 그 여파로 조직률은 꾸준히 낮아졌다. 기업은 이런 기회를 활용해 임금을 깎아내리고 더 많은 업무를 외주로 돌리기 시작했다. 초기에는 거래하기 쉬운 상품(예를 들어 작은 소비재)만 외주로 떠넘겼다. 대신에 거래하기 어려운 상품(예를 들어 주택)이나 비시장성 서비스(예를 들어 행정)는 내부에 남겨졌다. 그러나 1990년대 정보통신기술이 발전하면서 이런 서비스의 많은 부분이 해외로 넘어갔다. 가장 먼저 대면 접촉이 필요한 서비스(예를 들어 미용, 간병)와 비대면 서비스(예를 들어 데이터 기록, 고객 상담, 방사선 촬영) 사이에 구별이 일어났다.[8] 전자는 가능한 한 국내에서 도급으로 넘겨졌고 후자는 국제적인 노동시장의 압력에 점점 더 맡겨졌다. 접객업은 이런 일반적 경향을 보여주는 사례이다. 미국에서 프랜차이즈 호텔은 1960년대까지만 해도 거의 찾아볼 수 없었다. 그러나 2006년에는 그 비중이 76%까지 이르렀다. 이와 더불어 접객업과 관련한 잡다한 서비스가 외주화로 치달았다. 청소, 관리, 유지보수, 경비 업무가 대표적이다.[9] 이런 변화의 이면에는 법정 수당과 비용을 삭감해 이윤 폭을 유지하려는 자본의 동기가 존재한다. 게다가 이런 변화는 그 뒤로 우리가 보듯이 영속적인 경향이 되었다. 예컨대 고용은 갈수록 유연하게 변하고 임금은 줄어들며 노동자는 경영자의 압박에 종속되었다.

닷컴 거품과 붕괴

결국 1970년대 제조업에서는 이윤의 장기침체로 이어지는 무대가 마련되었다. 그 뒤로 선진국 경제는 이런 기저 상태에서 좀처럼 벗어나지 못했다. 1980년대 이에 대한 대응으로 플라자 합의(1985년)가 이뤄졌다. 달러화 가치가 떨어지자 미국에서는 제조업 성장이 일시적으로 돌아왔다. 그러나 일본 경제의 붕괴라는 공포감이 밀려들자, 엔과 마르크는 더욱더 가치가 떨어졌고 미국에서는 제조업 침체가 다시 시작되었다.[10] 경제성장은 1970년대 바닥 수준에서 벗어나긴 했지만, G7에 속하는 모든 국가에서 성장률과 생산성이 눈에 띄게 낮아졌다.[11] 한 가지 주목할 만한 예외가 있다면 1990년대의 닷컴 호황이다. 이와 관련해 인터넷의 가능성을 찬미하는 광적인 열풍이 일어났다. 사실 1990년대 호황은 공유경제, 사물인터넷, 기술 관련 사업에 열광하는 지금의 현상과도 매우 닮았다. 최근의 이런 전개가 닷컴 경제와 마찬가지로 내림세로 돌아설지 아닐지는 다음 장에서 자세히 다룰 것이다. 우리의 현재 목적에 비춰볼 때 더 중요한 문제는 1990년대 호황과 거품이 디지털 경제의 기초인 인프라구조를 낳았다는 사실에 있다. 그리고 경제 문제의 해결책으로 초완화적 통화정책이 출현했다는 사실에 있다.

1990년대까지만 해도 인터넷은 주로 비상업적 용도로 쓰였다. 그러다가 호황을 거치면서 대대적인 상업화가 이뤄졌다. 이런 흐름에는 금융투기가 크게 작용했다. 막대한 벤처자본이 흘러들어 투기를 자극했고 주식 가치는 천정부지로 치솟았다. 플라자 합의가 실패로 끝난 이후 미국에서는 제조업이 부진을 면치 못했다. 이런 상황에서 1990년대 후반 금융자본은 새로운 배출구를 찾기 시작했다. 그것이 바로 정보통신 산업이었다. 이윤의 명령은 새로 탄생한 거대한 분야에 주목했고 사람뿐 아니라 기업을 연결한다는 온라인의 잠재력에 도박을 걸었다. 정보통신 산업이 정점에 올랐을 때, 미국의 국내총생산GDP 가운데 거의 1%가 기술회사에 투자한 벤처자본에서 나왔다. 벤처자본의 평균 규모는 1996년에서 2000년 사이에 네 배로 커졌다.[12] 통틀어 5만개 이상의 기업이 인터넷의 상업화 과정에서 출현했고 2,560억 달러 이상이 투자되었다.[13] 투자자는 미래의 이윤이라는 희망을 좇았고 기업은 '이익보다 성장'이라는 모델을 채택했다. 이런 회사의 다수는 수익 원천이 미약하고 심지어는 전혀 없었다. 그런데도 [자기실현적] 기대가 널리 퍼져 있었다. 재빠른 성장만이 시장을 장악하고 새로운 거대 산업을 지배한다는 심리 말이다. 이로부터 지금까지 인터넷 기반 산업을 특징짓는 하나의 명령이 나타났다. 기업의 목표는 독점적 지배에 있다는 것이다. 여기에는 초기 단계 지배가 중요했고 투자자는 최종 승자를 꿈꾸며 열광적으로 몰려들었다. 주식시장이 기술주에 정신을 빼앗기자, 많은 회사는 벤처자본만이 아니라 다른 곳에서 자본을 조달하기 시작했다. 그 덕분에 차입 비용이 줄어들고 실적도 덩달아 좋아졌다.[14] 그러자 주식시장이 더욱더 타올랐고 마침내 실물 경제의 굴레에서 벗어나기 시작했다. 인터넷 기반 회사는 '신경제'의 전망을 약속하고 주식시장은 그 약속에 도박을 걸었다. 1997년에서 2000년 사이에 주식시장은 정점에 올랐다. 그 당시 기술주는 300%가 올랐고 시장가치는 5조 달러에 이르렀다.[15]

새로운 산업은 광적인 흥분을 낳았고 인터넷이라는 고정자본에 거대한 투자를 불러왔다. 컴퓨터와 정보기술 산업에는 수십 년 동안 투자가 이뤄졌지만, 1995년부터 2000년 사이에 그 수준이 전례 없이 높아졌다. 컴퓨터 및 주변장치만 살펴보면 1980년대 기준으로 연간 501억 달러가 투자되었다. 그러나 1990년에 이르면 그 금액이 1,546억 달러로 증가하고 거품이 가장 많았던 2000년에 도달하면 4,218억 달러로 치솟았다.[16] 이런 추세는 전 지구적 변화와 같이 일어났다. 저소득 국가에서 통신 산업은 해외직접투자의 가장 중요한 대상이 되었다. 1990년대 총투자 금액은 3,310억 달러에 이르렀다.[17] 게다가 기업은 컴퓨터 장비의 현대화에 막대한 자금을 넣기 시작했고, 여기에는 미국 정부가 도입한 다양한 규제 변화가 영향을 미쳤다.[18] 이런 투자는 21세기 초반 인터넷 주류화의 토대를 마련했다. 예를 들어 수백만 마일의 광섬유와 해저 케이블이 깔리고, 소프트웨어와 네트워크 장비가 발전을 거듭했으며, 데이터베이스와 서버에도 대규모 자금이 들어갔다. 게다가 이런 과정은 1970년대에 시작한 외주화 경향을 가속하기도 했다. 공급망과 통신망이 전 지구에 쉽게 설치되고 관리되자, 조정 비용이 큰 폭으로 떨어졌다.[19] 기업은 점점 더 많은 부품을 해외에서 생산하고 나이키는 군살 없는 조직, 즉 린 기업lean firm의 상징이 되었다. 고소득 경제는 브랜드와 디자인을 관리하고, 저소득 경제는 열악한 작업장에서 제조와 조립을 맡았다. 이 모든 방식으로 1990년대 기술 호황은 거품을 낳기도 했지만, 그 속에서 앞으로 도래할 디지털 경제의 토대가 마련되었다.

1998년 동아시아 위기가 급속도로 퍼지자, 미국의 호황도 휘청거리기 시작했다. 미국의 연방준비제도(이하 '연준')는 금리를 연달아 끌어내려 위기를 가라앉혔다. 이 같은 조치는 초-완화적 통화정책의 장기 지속을 알리는 시초가 되었다. 주식시장이 '비이성적 과열'[20]에 빠져 있었지만, 그 목표는 주식시장의 상승세를 암묵적으로 유지하는 데 있었다. 다시 말해 기업과 가계의 명목 자산을 끌어올려, 이로부터 소비와 투자를 촉진하는 데 있었다. 그 당시 미국 정부는 적자 감축에 발목이 잡혀서 재정 투자는 고려되지 않았다. 바로 이런 맥락에서 '자산-가격 케인스주의'는 재정 투입과 제조업의 부흥 없이도 경제를 자극하는 대안적인 방식이 되었다.[21] 이는 미국 경제에 있어서 중대한 변화를 의미했다. 이제는 제조업의 부활이 아니라 다른 분야에서 수익이 생기면 그것으로 충분했다. 이런 식의 정책이 한동안 효과를 보이자, 닷컴 투자는 더욱더 속도를 붙였고 나스닥의 가치가 정점에 올랐던 2000년까지는 자산 가격 거품이 꾸준히 부풀었다. 2001년 닷컴 경제가 붕괴하지만, 그 뒤에도 느슨한 통화정책이 사라지지 않았다.[22] 저금리 기조가 이어진 상태에서, 9/11 공격의 여파로 새로운 유동성이 주입되었다. 중앙은행의 이런 개입으로 몇 가지 효과가 생겼지만, 무엇보다도 모기지 금리가 떨어지고 주택 부문의 거품이 늘어났다. 요컨대 저금리 기조가 금융 투자의 수익률을 낮추었고, 이로 인해 투자자는 새로운 수익원을 찾아야 했다. 마침내 서브프라임 모기지가 높은 수익을 보장하는 투자처로 떠올랐고, 이로부터 다음 위기로 나아가는 무대가 마련되었다. 이처럼 느슨한 통화정책은 1990년대〔닷컴〕붕괴의 가장 중요한 산물 가운데 하나이며, 지금까지도 이어지는 주요 조건이 되었다.

2008년 위기
2006년 미국에서는 주택 가격이 전환점에 도달했다. 주택 가격이 내려서자 경제의 다른 부분에 압박을 가하기 시작했다. 가계의 자산이 줄어들자, 소비 수준이 하락하고 모기지 대출이 잇따라 파산했다. 주택 가격이 떨어지면 금융 산업 전체가 무너질 수 있었다. 금융 시스템과 모기지 시장이 점점 더 밀착했기 때문이다. 2007년 들어 붕괴의 조짐이 나타났다. 모기지 채권에 깊숙이 관여한 2개의 헤지펀드가 파산했다. 2008년 9월에는 리먼브러더스가 쓰러지고 위기가 전방위로 퍼져 나갔다.

긴급한 조치가 대규모로 재빨리 취해졌다. 미 연준은 은행의 구제비용으로 무려 7,000억 달러를 투입하고 유동성 지원을 보장했으며, 예금보험의 한도를 늘리고 주요 은행의 소유권도 일부 인수했다. 재무부는 최악의 사태를 막으려고 재정 적자를 확대했다. 예컨대 대규모 긴급 구제를 실시하고 부실한 기업을 지원했으며, 비상조치로 세금을 감면하고 자동조절장치 automatic stabilizer[23]를 적극적으로 활용했다. 그 결과 위기 전에는 민간의 부채 수준이 높았다면, 위기 뒤에는 그 부채가 공공 부문에 넘어갔다. 이와 더불어 각국의 중앙은행이 전 지구적 금융 질서의 붕괴를 막으려고 긴밀한 공조에 들어갔다. 먼저 미국에서는 유동성 조치를 연달아 도입해 신용 공급망의 안정을 꾀했다. 은행에는 긴급 대부가 이뤄졌고, 14개 국가와는 통화교환협정이 체결되었다. 협정에 참여한 국가는 원하는 만큼의 달러화 공급을 약속받았다. 그러나 가장 중요한 조치는 전 세계에 걸쳐 주요 금리를 가파르게 낮춘 일이다. 미 연준은 목표 금리를 2007년 8월 5.25%에서 2008년 0-0.25%로 떨어뜨렸다. 영국의 중앙은행도 비슷한 조치를 취했다. 영국의 우대금리는 2008년 5.0%에서 2009년 3월 0.5%로 떨어졌다. 2008년 10월에는 위기가 악화일로에 있었고 6개 주요 중앙은행이 국제간 조정금리를 일제히 낮추었다. 2016년까지 각국의 통화 당국은 637번이나 금리를 낮추었다.[24] 이런 기조는 위기가 끝난 뒤에도 이어졌고 전 지구에 걸쳐 경제의 저금리 환경을 조성했다. 특히 이는 오늘날 디지털 경제가 출현하는 결정적 조건이 되었다.

그러나 붕괴의 직접적 위협이 사라지자, 각국의 정부 앞에는 막대한 부채가 쌓여 있었다. 재정 적자는 수십 년간 꾸준히 늘었지만, 2008년 위기를 거치면서 수많은 정부를 외견상 궁지 상태로 몰아넣었다. 미국의 재정 적자는 2007년과 2009년 사이에 1억 6,000만 달러에서 14억 2,000만 달러로 늘어났다. 이런 맥락에서 긴축은 선진 자본주의 국가의 슬로건이 되었다. 긴축은 부분적으로 과도한 정부 부채가 전달하는 공포감에서 비롯되었고, 어느 정도는 재정 자원을 확보해 미래의 위기에 대비하려는 수단이었다. 또 어느 정도는 작은 정부와 민영화를 지속하려는 계급 전략의 일환이었다. 그러나 어느 쪽이건 각국의 정부는 허리띠를 졸라매고 부채를 갚아 나갔다. 다른 국가가 정부 지출을 대폭 삭감하는 동안, 미국에서도 긴축 이데올로기는 지배적 관념이 되었다. 2012년 말에는 세금 인상이 잇따랐고 정부 지출도 삭감되었다. 또한 긴급 조치로 취해진 세금 감면이 만료되었다. 그 결과 2011년 이후 재정 적자는 매년 줄어들었다. 그러나 미국에서는 긴축이라는 관념이 그 이상으로 지대한 영향을 미쳤다. 특히 대규모 재정 지출이 더 이상 없다는 정치적 불모성이 퍼져 나갔다. 예컨대 인프라구조가 너무 낡아서 투자가 필요하지만, 여기서도 정부 지출은 상상할 수 없는 일이 되었다. 최근에는 부채 상한선을 놓고 이런 정치적 태도가 공공연히 나타났다. 미국 의회는 재무부가 얼마나 많은 부채를 질 수 있는지 그 한도를 정하는데, 한쪽에서는 더 많은 지출이 필요하다고 보지만 다른 쪽에서는 재정 지출이 너무 많다고 반대한 것이다.

재정 지출이 정치적으로 배제되자, 각국의 정부 앞에는 부진에 빠진 경제를 되살릴 한 가지 수단만 남겨졌다. 통화정책이 그것이다. 결과적으로 일련의 예외적이고 전에 없던 방식으로 중앙은행이 개입하기 시작했다. 우리는 앞에서 저금리 정책이 지속되었다고 언급했다. 그러나 금리는 제로제약[25]에 묶여 있어서 정책 당국은 비전통적인 통화정책 쪽으로 눈을 돌렸다. 그중 가장 중요한 수단이 '양적 완화'로 알려진 것이다. 이는 중앙은행이 화폐를 발행한 다음, 그 돈으로 은행의 갖가지 자산(예를 들어 정부채권, 기업채권, 모기지증권)을 사들이는 방식이다. 미국은 2008년 11월 양적 완화를 채택하기 시작하고, 영국은 2009년 3월 똑같은 조치를 취했다. 유럽중앙은행은 회원국의 중앙은행이라는 독특한 지위 탓에 조금 뒤처지긴 했지만, 2015년 1월 정부채권을 매입하기 시작했다. 2016년 초에는 전 세계 중앙은행이 12조 3,000억 달러 이상의 자산을 사들였다.[26] 양적 완화를 사용하는 일차적 근거는 (정부채권을 제외한) 다른 자산의 수익을 낮춰야 한다는 주장에서 나온다. 전통적인 통화정책은 주로 단기 금리의 조정으로 운영된다. 반면에 양적 완화는 장기 금리와 대체자산(의 수익률)에 영향을 미치려고 한다. 여기서 핵심은 '포트폴리오 조정경로'라는 개념에 놓여 있다. 하나의 자산이 다른 자산과 완전히 대체되지 않는다면, 달리 말해 각각의 자산이 서로 다른 가치, 리스크, 수익률을 보이고 있다면, 특정 자산의 제한이나 제거는 다른 자산의 수요에 영향을 미칠 것이다. 특히 정부채권의 공급이 줄어들면, 다른 금융 자산의 수요가 반드시 늘어날 것이다. 예컨대 사채(예를 들어 기업채권)의 수익률이 낮아지고, 이로 인해 신용이 완화되어 주식(예를 들어 보통주)의 자산 가격이 올라가면, 결국에는 투자를 자극하는 자산효과가 생겨날 것이다. 아직까지는 증거가 많지 않지만 양적 완화는 어느 정도 효과가 나타났다. 기업(채권)은 수익률이 낮아지고 주식시장은 오름세로 돌아섰다.[27] 그런가 하면 양적 완화는 경제의 비금융 부문에도 영향을 미쳤다. (기업의 채권 비용이 낮아져 자금 조달이 쉬워진 것이다.) 2007년 이후 기업은 4조 7,000억 달러에 달하는 신규 채권 조달에 성공했다. 그 덕분에 경기 진작에 어느 정도 도움이 되었다.[28] 우리의 목적에 비춰볼 때 가장 중요한 사실은 중앙은행이 일반화된 저금리 환경을 조성했다는 점이며, 그 결과 광범위한 금융자산의 투자수익률이 낮아졌다는 점이다. 그 여파로 높은 수익을 추구하는 투자자는 더 위험한 자산에 눈을 돌려야 했다. 심지어 그들은 수익성이 없거나 증명되지 않은 기술회사에 자금을 넣기 시작했다.

〈표.1〉 국내 및 해외 유보금

	유보금 (10억 달러)	해외 유보금 (10억 달러)	해외 유보금 비율(%)
애플	215.7	200.1	92.8
마이크로소프트	102.6	96.3	93.9
구글	73.1	42.9	58.7
시스코	60.4	56.5	93.5
오라클	50.8	46.8	92.1
아마존	49.6	18.3	36.9
페이스북	15.8	1.8	11.4
합계	568.0	462.7	81.5

출처: 미 증권거래위원회 공시자료(10-Q, 10-K), 2016년 3월.

완화된 통화정책과 더불어, 최근 몇 년간 기업의 현금 비축과 조세도피가 엄청나게 늘어났다. 2016년 1월 현재 미국에서는 1조 9,000억 달러의 현금 및 현금성 자산(저금리의 유동성 증권)이 잠자고 있다.[29] 이는 기업 저축이 늘어나는 장기적이고 전 지구적인 경향의 일부이다.[30] 그러나 위기 이후 현금 보유량이 폭발적으로 늘어났다. 기업 실적이 급증한 탓이다. 더군다나 이런 경향은 GM과 같은 몇몇 예외가 있긴 하지만, 주로 기술회사가 주도하고 있다. 기술회사는 (전체 공정이 아니라) 지적 재산권만 해외로 옮기면 탈세에 성공한다. 따라서 다른 업종보다 조세도피에 훨씬 유리하다. 〈표.1〉에는 주요 기술회사

가 보유한 사내유보금이 나와 있다. 여기서는 해외 자회사가 보유한 현금도 같이 표시했다.[31]

이 같은 내역은 엄청난 수치를 보여준다. 구글의 총액은 우버와 골드만삭스를 사고도 남는다. 애플의 유보금은 삼성, 화이자, 셸을 사고도 남는다. 그러나 이 수치를 적절히 해석하려면 몇 가지 단서를 고려해야 한다. 우선 이 도표에는 각 회사의 채무 관계가 반영되지 않았다. 그러나 회사채의 조달 금리가 전례 없이 낮아서, 많은 회사는 본국으로 자금을 끌어와 법인세를 내려고 하지 않는다. 신규 채권의 발행이 더 싸기 때문이다. 따라서 이런 회사가 사채를 이용하는 것은, 탈세라는 기업 전략의 맥락에서 이해되어야 한다. 실제로 미 증권거래위원회의 공시 자료를 살펴보면, 탈세는 해외 저축을 높게 유지하려는 명백한 이유로 등장한다. 물론 그 배경에는 조세도피처의 팽창이라는 더 넓은 경향이 존재한다. 금융 위기의 여파로 역외 자산은 2008년부터 2014년 사이에 25%가 늘어났다.[32] 금액으로 따지면 가계의 금융자산 가운데 약 7조 6,000억 달러가 조세도피처에 쌓여 있다.[33] 이 모두는 두 가지 요점을 보여준다. 첫째, 탈세와 현금 축적으로 미국 기업, 특히 기술회사는 거대한 투자 여력을 갖게 되었다. 기업의 과잉 저축은 직접적이건 간접적이건 느슨한 통화정책과 결합해, 더 높은 수익을 추구하려는 더 위험한 투자를 촉진했다. 둘째, 탈세는 긴축을 더욱더 가속했다. 탈세는 문자 그대로 정부 세입의 유출을 뜻하고 조세도피처로 빠져나간 막대한 세금은 다른 곳에서 메꿔야 했다. 그러므로 재정 투입에는 또 다시 제약이 가해졌고 비전통적인 통화정책은 그만큼 요구가 늘어났다. 탈세, 긴축, 예외적인 통화정책. 이 모두는 서로를 점점 더 강화했다.

현재의 국면을 규정하려면 한 가지 요소를 더 고려해야 한다. 고용 상황이 그것이다. 현실 공산주의가 붕괴하면서 프롤레타리아화라는 장기 경향이 출현하고 점점 더 많은 인구가 잉여인간으로 전락했다.[34] 그 결과 오늘날 전 세계 많은 사람이 불안정 노동과 비공식 부문에 종사하며, 시장 매개적 소득만으로 생계를 유지한다. 게다가 2008년 이후에는 이런 노동예비군이 폭발적으로 늘어났다. 위기의 최초 충격으로 전체 실업률이 극적으로 상승했다. 미국에서는 실업률이 거의 두 배로 치솟았다. 위기 전에는 5.0%에서 최고 10.0%까지 올라간 것이다. 실업자 가운데 장기실업자는 17.4%에서 45.5%로 뛰어올랐다. 실직한 사람도 많았지만 구직 기간도 길어진 탓이다. 심지어 아직까지도 장기실업자는 위기 전의 모든 시점보다 높은 수준이다. 이 모두는 취업한 사람에게도 압력을 가했다. 예를 들어 주급이 낮아졌고 가계의 저축이 줄었으며 가계의 부채는 늘어났다. 미국에서는 개인 저축이 1990년대 10.0% 이상에서 위기 뒤에는 약 5.0% 근처로 떨어졌다.[35] 영국에서는 1990년대 이후 가계 저축이 꾸준히 낮아져, 위기 뒤에는 3.8% 수준까지 내려갔다. 이는 지난 50년간 가장 낮은 기록이었다.[36] 이런 맥락에서 많은 사람은 어떤 일이건 무조건 받아들였다.

결론

오늘날 국면은 몇 가지 장기 경향과 경기 순환의 산물이다. 우리는 여전히 자본주의 사회에 살고 있고, 이런 세계에는 경쟁과 이윤 추구가 일반적 한계로 작용한다. 그러나 1970년대를 거치면서 이런 일반적 조건에 커다란 변동이 일어났다. 안정된 고용과 제조업의 비대한 조직 대신에, 이제는 유연한 노동과 린 사업모델이 부상했다. 1990년대 들어서 또 다른 변화가 나타났다. 한편에서는 기술 혁신이 펼쳐지고 다른 한편에서는 금융 (투기)로 새로운 인터넷 산업에 거품이 불어났다. 그러나 그 속에서 건조환경에 대한 막대한 투자가 일어났다. 이런 현상은 새로운 성장모델을 예고하는 계기가 되었다. 미국은 제조업 기반을 완전히 포기하고 자산-가격 케인스주의라는 근시안적 대안으로 눈을 돌리기 시작했다. 이런 새로운 성장모델은 21세기 초 주택 부문에 거품을 낳았고, 2008년 위기 뒤에도 살아남아 경제적 해법이 되었다. 공공 부채에 대한 우려가 전 지구를 괴롭히자, 각국의 정부는 경제 상태를 개선하려고 통화정책에 눈을 돌렸다. 이는 기업 저축의 증가, 조세도피처의 팽창과 더불어 현금의 막대한 공급을 낳았고, 전 세계에 걸쳐 저금리 기조가 형성되었다. 그 결과 투자자는 더 높은 수익을 찾아 새로운 투자처를 물색하고 나섰다. 마지막으로 노동자는 위기의 여파로 엄청난 대가를 치러야 했다. 그들은 그저 생존하려고 착취적인 노동조건을 받아들였다. 이 모두는 오늘날 경제의 무대를 이루고 있다.

2장. 플랫폼 자본주의

자본주의는 위기가 일어나면 재편되는 경향이 있다. 새로운 기술, 새로운 조직형태, 새로운 착취양식, 새로운 일자리, 새로운 시장. 이 모두가 출현해 자본의 새로운 축적양식을 전개한다. 1970년대 과잉생산 위기가 발생하자, 우리가 봤듯이 제조업에서는 노동을 공격하고 린 모델로 사업을 바꾸어 재건을 꾀했다. 1990년대 불황이 깊어지자, 그 여파 속에서 인터넷 기반 회사는 고삐 풀린 자본을 끌어들이는 새로운 사업모델이 되었다. [2000년대 초] 닷컴이 붕괴하자 인터넷 회사로 향하는 투자자의 열광이 차갑게 식기도 했지만, 그 이후 십년 동안 기술회사는 엄청난 권력과 자본을 손에 넣는 데 성공했다. 2008년 위기는 어떤가? 그 뒤에도 비슷한 변화가 일어났는가? 적어도 지배적 담론에서는 한 가지 변화가 **나타났다**. 이번에도 새로운 기술이 세간의 관심을 끌었다. 선진 자본주의 국가를 중심으로 자동화, 공유경제, '주문형 서비스'가 찬양받았다. 2010년 전후로는 사물인터넷이 그 대열에 합류했다. 맥킨지는 이런 변화를 '패러다임 전환'이라고 불렀고 세계경제포럼 집행위원장은 '4차 산업혁명'이라고 추켜세웠다. 어떤 평론가는 약간 비꼬는 말투로 르네상스와 계몽기에 빗대었다.[1] 긱경제, 공유경제, 주문형 경제, 차세대 산업혁명, 감시경제, 앱경제, 주목경제. 우리 앞에는 새로운 용어가 넘쳐흐른다. 이번 장의 목표는 이 같은 변화를 검토하는 데 있다.

많은 이론가가 주장했듯이 이런 변화는 우리가 인지·정보·비물질·지식 경제에 산다는 말이다. 그런데 이 말은 정확히 무슨 뜻인가? 여기서 우리는 서로 연결되어 있지만 분명히 구별되는 몇 가지 명제와 만난다. 이탈리아 자율주의에서, 이 말은 '일반지성'에 관한 주장과 연결된다. 이른바 **집합적 협력과 지식이 가치의 원천으로 변해간다**.[2] 나아가 이런 주장에는 또 다른 함의가 존재한다. 달리 말해 **노동과정이 점점 더 비물질 형태로 바뀌고**, 상징과 정동의 조작 및 사용 쪽으로 변해간다. 게다가 전통적인 산업노동자는 점점 더 **지식노동자**로 대체되거나 '인지노동자'로 바뀐다. 그들은 공산품이 아니라 문화 콘텐츠, 지식, 정동, 서비스를 생산한다. 여기에는 유튜브, 블로그 등에 올리는 미디어 콘텐츠만이 아니라, 웹사이트를 만들고 토론방에 참여하며 소프트웨어를 생산하는 광범위한 기여활동이 포함된다.[3] 이와 상관적으로, **물질적 상품에는 점점 더 많은 지식이 들어간다.** 이런 주장에 따르면 지식은 물질적 상품과 일체가 된다. 가장 기초적인 상품인 농산물마저도 수많은 과학기술과 지식이 없다면 생산과정이 작동하지 않는다. 한편, 이와 더불어 계급관계의 반대쪽, 그러니까 지배계급에서도 변화가 일어난다. 이제는 생산수단이 아니라 **정보를 소유한** 새로운 계급이 경제를 지배한다.[4] 이런 주장에는 일말의 진실이 들어 있지만, 새로운 계급도 자본주의를 벗어난 존재가 아니다. 그렇게 보지 않는다면 이런 명제는 실패로 돌아갈 것이다. 게다가 새로 출현한 회사도 다른 기업과 마찬가지로 자본주의 명령에 종속된다. 바로 그런 한 그들도 자본주의 기업으로 존재한다. 그러나 이런 변화에는 분명히 새로운 측면도 있으며, 이를 밝혀낸다면 그 자체로 가치가 충분할 것이다.

이번 장의 핵심에는 다음과 같은 주장이 존재한다. 즉 21세기 선진 자본주의는 특정한 종류의 원료를 추출하고 사용하는 데 달려 있다. 데이터가 바로 그것이다.

그런데 데이터란 정확히 무엇인가? 가장 먼저, 우리는 **데이터**(어떤 것이 일어났다는 정보)와 **지식**(어떤 것이 왜 일어났는지에 관한 정보)을 구별해야 한다. 데이터는 지식을 수반할 수 있지만, 이는 필수적 조건이 아니다. 또한 데이터는 기록을 동반하며, 그렇기 때문에 어떤 형태건 물리적 매체가 필요하다. 기록의 단위로서 모든 자료datum는 데이터를 포착하는 센서를 요구하고, 자료의 유지에는 대규모 저장 장치가 필요하다. 간단히 말해 데이터는 비물질적인 것이 아니다. 이는 데이터 센터의 소비 전력만 살펴봐도 쉽게 알 수 있다(인터넷 전체는 전 세계 전력 가운데 약 9.2%를 소비한다).[5] 다음으로 우리는 데이터 수집과 분석이 마찰 없는 과정, 즉 자동화 과정이라는 대중적 통념과 거리를 둬야 한다. 대부분의 데이터는 사용하기 전에 표준화된 형태로 정리되고 조직되어야 한다. 마찬가지로 학습 자료가 수동으로 입력되지 않으면, 시스템에서는 적절한 알고리즘이 생산되지 않는다. 요컨대 오늘날 데이터 수집은 감지하고 기록하며 분석하는 거대한 인프라구조에 의존한다.[6] 그렇다면 무엇이 기록되는가?〔이용자의 활동이 기록된다.〕 **데이터**는 추출해야 하는 원료이며, 이용자의 **활동**은 그 활동의 천연자원으로 여겨져야 한다.[7] 원유와 마찬가지로 데이터는 이런저런 방식으로 추출·정제·사용되는 재료인 것이다. 아울러 데이터는 더 많이 모일수록, 더 많은 쓸모가 생겨난다.

데이터는 과거에도 이용 가능한 자원이었고 오래된 사업모델에서도 부분적으로 사용되었다(특히 린 생산에서는 전 지구적 물류 조정에 투입되었다). 그러나 21세기 들어서 순수한 활동을 데이터로 바꾸는 비용이 점점 더 내려갔다. 디지털 기반 통신이 정착하면서 기록 작업도 매우 간편하게 바뀌었다. 잠재적 데이터의 대규모 팽창이 일어나고, 이와 관련해 새로운 기업이 출현하기 시작했다. 그들은 데이터를 추출해 생산과정의 최적화에 적용하고 소비자 선호를 파악하며 노동자를 통제하는 데 사용했다. 또한 그들은 데이터를 가공해 새로운 상품이나 서비스(예를 들어 구글맵, 자율주행 자동차, 시리)를 개발하고, 광고 시장에 상품으로 판매했다. 이 모두는 자본주의 초기 단계에서 역사적 선례를 찾아볼 수 있다. 그러나 최근에는 그 양상이 달라졌다. 기술 변화 덕분에 이용할 수 있는 데이터 자체가 폭발적으로 늘어난 것이다. 요컨대 데이터는 사업 활동의 주변에 있다가 점차 핵심 자원으로 바뀌었다. 그러나 21세기 초만 하더라도 데이터가 자본주의 혁신의 원료가 될지 아닐지는 거의 확실하지 않았다.[8] 구글의 초기 노력은 신문과 방송 등 전통 매체에서 광고 수익을 빼앗는 선에서 데이터를 사용했다. 구글은 인터넷 발달에 중요한 구실을 했지만, 그것은 경제적 수준에서 혁명적 변화는 아니었다. 그러나 인터넷이 팽창하고 기업들이 사업의 모든 영역에서 디지털 통신에 기대면서, 데이터는 점점 더 가치가 높아졌다. 이번 장에서 살펴볼 예정이지만, 데이터는 자본주의의 주요 기능 가운데 많은 부분에 영향을 미쳤다. 예를 들어 데이터는 알고리즘을 개선하고 경쟁 우위를 가져온다. 데이터는 노동자를 통제하고 외주화를 촉진하며, 생산과정의 최적화와 유연화를 가속한다. 데이터는 저수익 상품을 고수익 서비스로 전환하고, 데이터 분석은 그 자체로 데이터 생산을 촉진하며 서로는 서로를 더욱 강화한다. 데이터 기록과 활용에는 이처럼 엄청난 매력이 있으며, 자본주의의 경쟁 압력을 고려한다면 〔가치〕 추출의 새로운 자원으로 이런 원료에 주목하는 것은 어쩌면 당연한 일이었다.

그러나 전통적인 사업모델은 데이터 추출과 사용에 특별히 뛰어나지 않았다. 이는 자본주의 기업을 괴롭히는 문제로 여전히 해결되지 않았다. 과거에 기업은 공장에서 상품을 생산하고 그저 시장에 팔았을 뿐이다. 공장에서도 대부분의 정보가 수집되지 않았고 시장에서도 고객에 관한 정보나 그 상품이 어떻게 사용되는지 배우지 않았다. 린 생산과 전 지구적 물류망이 등장하면서 약간의 개선이 있었지만, 대부분의 회사가 여전히 정보손실 모델에 기대고 있었다. 기록 비용이 점점 더 내려갔지만, 새로운 사업모델이 없어서 자본주의 회사는 이런 기회를 충분히 활용하지 못했다. 그러다가 이번 장에서 주장하듯이 새로운 사업모델이 등장한 것이다. 플랫폼이라는 강력한 모델 말이다.[9] 플랫폼은 대체로 데이터를 처리해야 하는 내부 수요에서 출발하지만, 순식간에 쌓이는 막대한 데이터를 독점하고 추출 및 분석, 활용하는 효과적인 방식으로 발전하기 시작했다. 오늘날 이런 모델은 경제 전체로 파고들어, 수많은 회사가 플랫폼 방식을 채택하고 있다. 몇 가지 사례를 들자면 강력한 기술회사(구글, 페이스북, 아마존), 역동적인 스타트업(우버, 에어비앤비), 제조업의 강자(GE, 지멘스), 거대한 농업회사(존디어, 몬산토) 등이 대표적이다.

플랫폼은 무엇인가?[10] 가장 일반적인 수준에서 플랫폼은 복수의 집단이 교류하는 디지털 인프라구조이다.[11] 따라서 플랫폼은 소비자, 광고주, 서비스 제공자, 생산자, 공급자, 심지어 물리적 객체[12]까지 서로 다른 이용자를 만나게 하는 매개자 위치를 차지한다. 대체로 플랫폼은 몇 가지 사용자 도구를 제공해, 그들 스스로 제품, 서비스, 시장을 구축하게 한다.[13] 예를 들어 마이크로소프트는 윈도우와 개발자 도구를 마련해 애플리케이션 개발과 판매를 촉진한다. 애플의 앱스토어와 그 연관 생태계(X코드, iOS SDK)는 개발자가 새로운 앱을 개발하고 판매하도록 허용한다. 구글의 검색엔진은 정보 플랫폼을 구비해 광고주와 콘텐츠 공급자가 표적 고객을 찾도록 지원한다. 우버의 택시앱은 운전자와 승객이 운전과 요금을 맞바꾸게 도와준다. 간단히 말해 플랫폼은 시장 자체를 구축하지 않는다. 그들은 다양한 집단을 매개하는 인프라구조를 제공한다. 이는 데이터라는 관점에서 기존의 사업모델보다 확실히 유리하다. 왜냐하면 플랫폼이 (1)이용자 사이에 위치하고, (2)그들의 활동이 일어나는 기초를 점유하기 때문이다. 그 덕분에 이용자의 활동에 접근하는 특권이 생겨난다. 예컨대 구글은 검색 플랫폼으로서 막대한 양의 검색 활동에 접근한다(검색 활동은 개인의 변덕스런 욕망을 표현한다). 우버는 택시 플랫폼으로서 교통 데이터만이 아니라 운전자와 승객의 활동에 접근한다. 페이스북은 사회관계망 서비스로서 이런저런 사회적 교환에 관여하고 그 내밀한 기록에 접근한다. 게다가 점점 더 많은 산업이 온라인 활동으로 바뀌면서(예를 들어 우버는 택시업계를 디지털 형태로 바꾼다), 결국에 점점 더 많은 회사가 플랫폼 발전에 종속될 것이다. 결론적으로 디지털 상호작용이 일어나는 모든 곳에서 작용하므로, 플랫폼 자체는 인터넷 기업이나 기술회사의 범위를 간단히 넘어선다.

두 번째 주요 특징으로 디지털 플랫폼은 '네트워크 효과'를 생산하고 그것에 의존한다. 플랫폼에서는 이용자가 늘어날수록 다른 모든 이용자가 더 많은 가치를 갖게 된다. 예컨대 그저 많은 사람이 사용하기에 페이스북은 기본적인 사회관계망 플랫폼이 되었다. 누군가 비슷한 서비스에 관심이 있다면, 이미 많은 친구와 가족이 쓰고 있는 플랫폼에 가입할 것이다. 마찬가지로 더 많은 사람이 구글에서 검색하면, 그만큼 검색 알고리즘이 좋아지고 구글의 이용자는 더 많은 혜택을 얻게 된다. 이는 이용자가 이용자를 불러오는 순환 효과를 낳기도 하지만, 무엇보다도 독점을 추구하려는 플랫폼의 자연적 경향으로 이어진다. 게다가 더 많은 활동, 따라서 더 많은 데이터에 접근하려는 플랫폼의 항구적 동학으로 이어진다. 다른 한편, 이에 더해 플랫폼의 성장에는 자연적 한계가 거의 없다. 기존의 인프라구조와 저렴한 한계비용에 기대어 플랫폼 회사는 매우 빠른 속도로 성장할 수 있다. 예를 들어 서버의 임대만 늘려도 충분하기에 우버는 새로운 공장을 짓지 않아도 재빨리 덩치를 키운다. 네트워크 효과와 결합하면, 이런 요소는 플랫폼이 단기간에 거대한 크기로 성장하는 데 도움을 준다.

네트워크 효과가 중요하기에 플랫폼에서는 다양한 전술을 구사해 더 많은 이용자를 유치해야 한다. 예를 들어 – 그리고 세 번째 특징으로 – 플랫폼 회사는 주로 교차보조 전략을 사용한다. 전체 사업 가운데 한쪽에서는 서비스나 상품을 저렴하게 판매하고(심지어는 무료로 제공한다), 다른 한쪽에서는 가격을 올려 손해를 만회한다. 플랫폼의 가격 구조는 얼마나 많은 이용자가 들어오는지, 그들이 얼마나 자주 이용하는지라는 문제와 깊은 관계를 가진다.[14] 예를 들어 구글은 메일 서비스를 공짜로 제공해 이용자를 끌어들이고, 그 대신 광고 부문에서 수익을 올린다. 따라서 플랫폼 회사는 요금을 받는 것, 요금을 받지 않는 것, 수익을 내는 것, 수익을 내지 않는 것 사이에 균형을 잡아야 한다. 그렇지 않으면 잡다한 이용자 집단을 끌어들이지 못한다. 이런 점에서 린 모델과는 거리가 먼 사업방식이다. 린 모델에서는 핵심 역량으로 사업을 줄이고 수익이 나지 않으면 과감히 정리하는

것이 원칙이다.[15]

 마지막으로, 플랫폼은 다양한 이용자가 매력을 느끼도록 설계되어야 한다. 대체로 플랫폼은 타자가 교류하는 텅 빈 장소로 자신을 표방하지만, 사실상 권력관계 politics를 내재한다. 거기서는 시장의 상호작용만이 아니라 상품 및 서비스의 개발 규칙도 플랫폼 소유자가 결정한다. 우버는 시장 교환의 텅 빈 용기로 자신을 제시하지만, 시장의 작동에 깊숙이 개입한다. 콜수를 미리 예측해 실제 수요보다 가격을 끌어올리고, 유령 택시를 만들어 공급이 많다는 가짜 인상을 심어준다.[16] 매개자란 위치 덕분에, 플랫폼은 더 많은 데이터에 접근할 뿐 아니라 게임의 규칙을 제어하고 지배한다. 그러나 핵심 아키텍처 안에는 고정된 규칙도 있지만 생성적인 면도 있어서, 이용자는 자율적인 방식으로 무언가를 창출하기도 한다. 예를 들어 페이스북의 핵심 아키텍처는 개발자가 앱을 생산하고 기업이 페이지를 만들며 이용자가 정보를 공유하게 만든다. 그렇지 않으면 더 많은 이용자를 유치할 수 없기 때문이다. 애플의 앱스토어도 마찬가지이다. 애플은 이런저런 유용한 앱을 생산하게 하는데, 이를 통해 이용자와 소프트웨어 개발자를 애플의 생태계에 점점 더 묶어둔다. 부분적으로 플랫폼의 존속은 교차보조 전략을 조정하고 플랫폼의 규칙을 개선해 이용자의 관심을 유지하는 데 달려 있다. 네트워크 효과는 기존의 플랫폼 리더에게 강력한 우위를 주기도 하지만, 이와 같은 위치는 난공불락의 지위가 아닌 것이다.

정리하자면, 플랫폼은 새로운 형태의 사업모델이다. 플랫폼 회사는 다양한 이용자 집단을 매개하는 인프라구조를 제공하고 네트워크 효과가 유발하는 독점화 경향을 향유한다. 또 플랫폼 회사는 잡다한 이용자 집단을 끌어들이는 교차보조 전략에 의존하고, 상호작용의 가능성을 통제하는 핵심 아키텍처를 설계한다. 이런 특징 말고도 플랫폼의 소유권은 기본적으로 소프트웨어(구글은 20억 줄의 코드를 사용하고 페이스북은 2,000만 줄의 코드를 사용한다)의 소유권에 달려 있다.[17] 또한 오픈소스 자료(예를 들어 구글은 하둡[18]의 데이터 관리 시스템을 사용한다)에 기초한 하드웨어(서버, 데이터 센터, 스마트폰 등)의 지배권에 달려 있다.[19] 이 모든 특징은 플랫폼을 데이터 추출과 통제의 핵심 모델로 만든다. 플랫폼은 다른 행위자가 교류하는 디지털 공간을 제공하고, 이를 통해 자연과정(날씨, 경작 주기 등), 생산과정(일관배치생산, 연속흐름생산 등)뿐 아니라 다른 기업이나 이용자의 데이터(웹 트래킹, 사용이력 등)를 추출하는 강력한 위치를 점유한다. 요컨대 플랫폼은 데이터 채굴의 〔핵심〕 장치가 되었다.

이번 장의 나머지는 최근에 출현한 플랫폼 지형을 살펴보고 5개 유형으로 플랫폼을 정리할 것이다. 이들 각각의 영역에서, 무엇보다 중요한 사실은 반드시 물리적 상품을 생산하지 않아도 자본가 계급이 플랫폼을 소유한다는 점이다. 가장 먼저 첫 번째 유형은 광고 **플랫폼**이다(예를 들어 구글, 페이스북). 이는 이용자의 정보를 추출해 분석 작업을 거친 다음, 그 과정의 산물을 사용해 온라인 광고에 판매한다. 두 번째 유형은 **클라우드 플랫폼**이다(예를 들어 아마존웹서비스, 세일포스). 이는 디지털 사업에 필요한 하드웨어와 소프트웨어를 갖추고 고객 회사에 필요에 따라 빌려주는 방식이다. 세 번째 유형은 **산업 플랫폼**이다(예를 들어 GE, 지멘스). 이는 전통적 제조업이 인터넷 연결 조직으로 변신해 생산비용을 낮추고, 상품을 서비스로 바꾸는 형태이다. 그리고 그 과정에서 하드웨어와 소프트웨어를 직접 구축하는 방식이다. 네 번째 유형은 **제품 플랫폼**이다(예를 들어 롤스로이스, 스포티파이). 이는 다른 플랫폼을 이용해 전통적 상품을 서비스로 전환하며, 임대 수익이나 구독형 서비스로 수익을 올리는 방식이다. 다섯 번째 유형은 **린 플랫폼**이다(예를 들어 우버, 에어비앤비). 이는 자산 소유를 최대한 줄이고 비용도 가능하면 줄여서 수익을 내려는 시도이다. 이상의 분석 범주는 하나의 기업 안에 공존할 수 있으며, 실제로 많은 경우 그렇게 운영된다. 예를 들어 아마존은 전자상거래 회사로 시작하지만 물류 분야로 재빨리 진출했다. 게다가 최근에는 태스크래빗[20]과 협력해 주문형 가사서비스에 손을 대고, 악명 높은 메커니컬터크[21]는 여러 가지 면에서 긱경제의 선구자로 여겨진다. 게다가 결정적으로, 아마존웹서비스를 개발해 클라우드 서비스 시장에 진출한다.[22] 말하자면 아마존은 앞에서 말한 모든 범주에 걸쳐 있다.

광고 플랫폼

새로운 사업방식은 애초 광고 플랫폼에서 시작되었다. 이런 플랫폼은 디지털 시대에 적합한 사업모델을 만드는 과정에서 출현한 것이다. 앞으로 살펴볼 테지만, 광고 플랫폼은 공유경제에서 산업인터넷까지 최근에 출현한 기술적 경향을 직간접적으로 촉발했다. 이런 플랫폼은 닷컴 거품의 풍부한 신용 공급에서 비롯했다. 거품이 붕괴하자 두 가지 효과가 나타났다. 첫째, 수많은 경쟁자가 파산하고 살아남은 회사가 기술 산업의 이런저런 분야를 지배하기 시작했다. 새로 창업한 회사는 벤처자본의 투자에서 밀려나고 시장 진입에도 어려움을 겪었다. 이로 인해 초기 기술 호황의 독점화 경향이 더욱더 강화되었다. 불황의 잿더미 속에서 새로운 독점 기업이 탄생하고 그 위치는 현재까지 변하지 않았다. 둘째, 닷컴 붕괴의 여파로 벤처자본과 주식 투자가 말라가자, 인터넷 기반 회사는 당장에 수익을 내라는 새로운 압력에 직면했다. 호황이 한창일 때는 이윤을 창출하는 지배적 모델이 없었다. 대신에 비교적 다양한 방식으로 경쟁이 펼쳐졌다.[23] 그러나 닷컴 회사는 광고와 이용자 유치로 향하는 새로운 모델에 이미 기초를 놓고 있었다. 당시에 그들은 '이익보다 성장'이라는 마케팅 전략으로 금융자본을 끌어들였다. 회계 자료를 살펴보면, 닷컴 회사는 다른 활동보다 광고에 서너 배 많은 자금을 넣었고, 온라인 광고의 지출에서도 선구자로 활약했다.[24] 따라서 거품이 터졌을 때, 이런 회사가 주요 수익원으로 광고에 눈을 돌린 것은 어쩌면 당연한 일이었다. 이런 노력 끝에 구글과 페이스북은 마침내 선두로 올라섰다.

1997년에 창업한 구글은 1998년 최초의 벤처투자를 받았고 1999년에 2,500만 달러의 대규모 자금을 유치했다. 이때까지만 해도 구글은 이용자의 검색 데이터를 수집해 검색 결과를 개선하는 데 사용했다.[25] 이는 자본주의가 데이터를 사용하는 고전적 방식이었다. 달리 말해 데이터는 고객과 이용자의 서비스 개선에 사용되었다. 하지만 수익을 낼만한 시장이 구글에게는 남아 있지 않았다. 게다가 닷컴 붕괴의 여파로 수익 창출이 시급한 과제로 떠올랐다. 하지만 구글의 성공을 가져온 이용자 계층과 결별한다는 점에서 유료 서비스는 몹시 위험한 선택이었다. 마침내 구글은 자동화된 경매 시스템을 도입하고 검색 데이터, 쿠키, 기타 정보를 활용해 온라인 표적 광고를 팔기 시작했다.[26] 나스닥 시장이 2000년 3월 정점에 올랐을 때, 구글은 같은 해 9월 애드워즈 서비스[27]를 공개하고 수익창출 회사로 변모하기 시작했다. 여기서 추출된 데이터는 서비스 개선이 아니라 광고 수익을 올리는 방식으로 사용되었다. 오늘날 구글과 페이스북은 거의 모든 수익을 광고 부문에 의존한다. 2016년 1/4분기 구글은 전체 수익 가운데 광고 매출이 89.9%에 달하고 페이스북 같은 경우는 무려 96.6%에 이르렀다.

이는 새천년 초기에 일어난 더 넓은 변화에서 그 핵심이 되었다. 웹2.0을 뜻하는 이런 변화는 디지털 거래 digital storefronts보다 이용자가 생성하는 콘텐츠에 기초하고, 정적인 텍스트보다 멀티미디어 인터페이스에 기반

했다. 언론에서는 이런 변화를 의사소통의 민주화라는 수사법과 함께 묶었다. 이제는 누구나 온라인 콘텐츠를 제작하고 공유할 수 있으며, 신문이나 기타 대중매체가 사회의 모든 의견을 독점할 수 없다고 얘기되었다. 그러나 웹에 비판적인 사람이 볼 때는 이런 식의 수사법이 사업모델상의 변화를 은폐할 뿐이다. 새로 출현한 모델은 '자유/무료노동free labour'의 착취에 의존할 뿐이다.[28] 이런 관점에서 보자면 구글과 페이스북은 아주 간단히 이윤을 창출한다. 이용자를 부불노동자로 다루기 때문이다. 이용자는 상품(데이터와 콘텐츠)을 생산하고 기업은 그 상품을 전용해 광고주와 다른 이해 집단에 팔아치운다. 그러나 이런 설명에는 몇 가지 문제가 존재한다. 가장 먼저, 자유/무료노동과 관련된 주장은 대체로 거대한 형이상학적 결론으로 빠져버린다. 요컨대 자본주의 아래 모든 사회적 상호작용이 자유/무료노동으로 변해버린다. 그리하여 자본주의 말고는 외부가 없다는 걱정이 시작된다. 노동과 비非노동은 구분할 수 없게 되고, 정확한 범주는 진부하고 무뎌지게 된다. 그러나 플랫폼에서의 상호작용과 다른 곳에서 일어나는 상호작용이 구별되어야 하고, 플랫폼 안에서도 이익지향형과 다른 종류 사이에 교류의 성격이 구별되어야 한다.[29] 우리의 사회적 교류 가운데 많은 부분이, 심지어 거의 전부가 이익창출 시스템에 흡수되지 않는다. 사실 많은 회사가 플랫폼 개발에 경쟁적으로 나서고 있는데, 그 이유 중 하나는 우리의 사회적 상호작용 가운데 많은 부분이 가치화 과정과 **무관한** 탓이다. 우리의 모든 행위가 자본주의 가치화 과정에 이미 포섭되어 있다면, 플랫폼이라는 추출 장치가 왜 구축되어야 하는지 도저히 설명되지 않는다. 더 넓게 말하면, '자유/무료노동'은 구글과 같은 회사가 의존하는 수많은 데이터 자원 가운데 극히 일부에 불과하다. 그밖에도 상업적 거래, 사물인터넷의 센서가 수집한 정보, 기업이나 정부의 데이터(신용기록, 재무기록 등), 공적이고 사적인 감시기록(구글맵의 구축에 들어가는 교통정보) 등이 사용된다.[30]

그러나 이용자 창출 데이터로 시야를 좁혀도, 이런 활동은 정당하게 **노동**으로 불릴 수 있는가? 마르크스주의의 틀에서 노동은 매우 특별한 의미를 갖는다. 노동은 노동시장이라는 맥락 안에서, 그리고 교환을 지향하는 생산과정 안에서 잉여가치를 생산하는 활동이다. 온라인 상호작용이 자본주의 생산에 포함되는지 여부는 개념 규정을 둘러싼 지루한 학술적 논쟁에 그치지 않는다. 이런 상호작용이 자유/무료노동인지 아닌지는 현실의 상태를 놓고 판단되어야 한다. 온라인 활동이 자본주의 노동이라면, 그 활동에는 – 생산과정을 합리화하고 비용을 낮추며 생산성을 높여야 하는 등 – 자본주의의 표준적 명령이 가해질 것이다. 만일 그렇지 않다면, 이런 명령이 부과되지 않을 것이다. 이런 관점에서 온라인 이용자의 활동을 살펴보면, 그들이 하는 것은 정당하게 말해 노동이 아니다. 사교적 문자를 노동의 결과로 여기면, 일단 심리적 거부감이 들기도 하지만 그보다 심각한 문제가 생긴다. 이런 접근에는 사회적 필요노동시간, 즉 생산과정에 압력을 가하는 암묵적 기준이 고려되지 않는다. 온라인상에는 이용자를 더 많이 활동하게 하는 압력은 있어도, 그들을 더 많이 **활동하게** 하는 경쟁 압력이 없다는 것이다. 더 넓게 보자면 우리의 온라인 상호작용이 자유/무료노동이라면, 플랫폼 회사는 자본주의 전체에 커다란 보탬이 되어야 한다. 노동착취의 거대한 새로운 장이 열렸기 때문이다. 반면에 온라인 상호작용이 자유/무료노동이 아니라면, 이런 회사는 다른 가치 창출 산업에 기생해야 하고 전 지구적 자본주의는 더 암울한 상태에 놓일 것이다. 전 지구적 경제의 침체 상태를 고려할 때, 전자보다 후자의 가능성이 더 높아 보인다.

    자유/무료노동의 착취 대신에 우리는 다른 관점으

로 접근한다. 광고 플랫폼에서 데이터는 원료처럼 전유된다. 데이터로 기록되고 바뀌는 한, 이용자와 기관의 활동은 플랫폼 기업이 다양한 방식으로 정제하고 사용하는 원료가 된다. 특히 광고 플랫폼에서는 이용자의 온라인 활동에서 데이터가 추출 및 분석되어, 경매 시스템을 거쳐 광고주에게 판매되어 수익을 창출한다. 이는 두 가지 과정의 성공에 달려 있다. 첫째, 광고 플랫폼은 온라인 활동을 관찰하고 기록해야 한다. 더 많은 이용자가 사이트와 교류하면, 더 많은 정보가 수집되어 결국은 쓸모가 늘어난다. 마찬가지로 이용자가 인터넷을 돌아다니면, 쿠키나 다른 수단으로 그 활동이 추적된다. 그리고 이런 데이터가 점점 더 늘어나면, 결국 광고주에게 더 많은 가치가 생겨난다. 디지털 경제에 와서는 감시와 이윤 창출이 뒤섞이고, 이른바 '감시 자본주의'가 출현한다.[31] 그러나 [둘째] 데이터 수집만이 아니라 데이터 분석도 수익 창출에 매우 중요하다. 광고주는 날것의 데이터가 아니라 통찰력을 준다거나 고객을 추천하는 맞춤 자료에 더 흥미를 느낀다. 이는 이미 **작업을 거친** 데이터를 말한다.[32] 데이터 과학자의 숙련된 노동이건, 머신러닝 알고리즘의 자동화된 과정이건 이런 데이터는 일정한 공정 아래 생산되어야 한다. 사실 광고주는 데이터 자체를 사지 않는다(그들은 개인별 데이터를 받지 않는다). 구글은 광고주가 원하면 언제나 목표 고객을 찾아준다고 약속한다. 광고주는 이런 약속을 사는 것이다.

데이터 추출 모델은 온라인 세계에서 눈에 띄지만, 오프라인 세계에 진출하기도 한다. 세계에서 가장 큰 유통업체 가운데 하나인 테스코는 영국에 본사를 둔 '소비자 조사' 기관인 던홈비를 갖고 있다. 던홈비의 가치는 약 20억 달러에 이른다(이 회사의 미국 지사는 최근 크로거에 팔렸다. 크로거는 미국에서 가장 큰 고용주 가운데 하나이다). 던홈비는 온라인뿐 아니라 오프라인에서도 소비자를 추적하고, 그 정보를 코카콜라, 메이시, 오피스 디포 등에 판매한다. 게다가 독점 플랫폼을 구축하려는 노력의 일환으로, 던홈비는 사은품을 미끼로 고객 카드를 발급해 고객을 테스코 매장으로 유인한다. 이뿐만 아니라 점점 더 다양한 방식으로 고객 정보를 추적하려고 한다(최근에는 웨어러블 장치를 사용해 고객의 건강 데이터를 확보한다).[33] 이처럼 기술회사가 아닌 경우에도 이용자 데이터베이스를 개발하고, 그 데이터를 사용해 고객의 트렌드를 따라잡고 판촉 활동의 개선에 사용한다. 데이터 추출은 독점 플랫폼을 구축하고 광고주에게 수익을 끌어내는 가장 중요한 수단이 되고 있다.

광고 플랫폼은 현재 높은 매출, 많은 이익, 활발한 역동성으로 새로운 플랫폼 사업 가운데 가장 성공적인 부분으로 꼽힌다. 그러나 이런 회사는 수익을 어디에 썼는가? 미국, 영국, 독일에서는 투자 수준이 여전히 저조하다. 고정자본의 성장이 바닥인 것이다. 대신에 이런 회사는 현금을 가지고 세 가지 일에 사용했다. 첫 번째는 저축이다. 기업의 높은 유보금은 2008년 이후 고질적 현상이 되었다. 1장에서 봤듯이, 특히 기술회사는 천문학적 금액을 쌓아두고 쓰지 않는다. 탈세 역시 구글, 애플, 페이스북, 아마존, 우버 등의 기술회사가 주도한다. 현금의 두 번째 사용처는 대대적인 인수합병이다. 이는 생산설비를 확장하는 대신에 기존의 설비를 집중하는 과정이다. 거대 기술회사 가운데 구글은 지난 5년간 가장 많은 회사를 인수했고(평균을 내보면 매주 새로운 회사를 사들였다),[34] 페이스북은 몇몇 건의 가장 커다란 인수를 단행했다(왓츠앱의 합병에는 220억 달러를 사용했다).[35] 이런 과정의 핵심에는 구글의 지주회사인 알파벳이 놓여 있다. 2015년 알파벳의 설립으로 구글은 핵심 사업을 명확히 하는 동시에, 다른 분야의 사업을 인수하는 데 박차를 가했다. 세 번째 사용처는 벤처투자이다. 광고 플랫폼은 기술 스타트업에 자금을 넣기 시작했고, 대부분의 회사가 창업 투자의 큰 손이 되었다. 앞으로 살펴보겠지만, 이런 회사는 최근의 기술 호황에 결정적 조건을 제공했다. 그러나 가장 중요한 사실은 이런 회사가 플랫폼이라는 사업모델을 제시하는 데 성공하고 그 모델이 오늘날 이런저런 산업에 복제되고 있는 점이다.

클라우드 플랫폼

구글이나 페이스북처럼 광고 플랫폼이 거대한 양의 데이터를 추출하고 사용하는 기초를 닦았다면, 최근에 출현한 클라우드 서비스는 플랫폼을 강력하고도 독보적인 사업모델로 올려놓았다. 사실 기업용 클라우스 시장은 1990년대 후반 시작되었다. 그 당시 전자상거래 회사는 거래의 물리적 요소를 외주로 돌리고자 했다. 그러나 이런 시도는 효율성이 없다고 여겨졌고, 창고와 물류망이 건설되고 수많은 노동자가 고용되었다.[36] 2016년 아마존은 데이터 센터, 자동화된 물류창고, 대규모 컴퓨터 장비에 막대한 자금을 넣었고, 드론 배송을 최초로 시도했으며, 최근에는 운송에 쓰려고 비행기도 빌려왔다.[37] 아마존은 디지털 경제에서 가장 큰 고용주로 23만 명 이상의 노동자와 수만 명에 달하는 계절노동자를 사용한다. 그중 대부분이 물류창고에서 저임금의 고된 노동에 종사한다. 전자상거래 플랫폼으로 성장하는 과정에서, 아마존은 교차보조 전략에 의존해 가능하면 많은 이용자를 유치하려고 했다. 전언에 따라면 아마존프라임의 배송 서비스는 주문할 때마다 손해를 보고, 킨들의 전자책 단말기는 원가 수준으로 팔린다.[38] 기존의 린 모델에서는 이해할 수 없는 일이다. 거기서는 수익이 없으면 정리하는 것이 원칙이다. 그러나 신속하고 저렴한 배송은 이용자를 끌어들이는 핵심 수단이다. 일단 이용자가 플랫폼에 들어오면 그때부터는 다른 부문에서 수익을 내는 전략인 것이다.

아마존은 거대한 물류망을 건설하는 과정에서 점점 더 복잡한 문제에 부딪혔다. 아마존웹서비스는 이런 문제를 해결하려고 내부 플랫폼으로 개발되었다. 실제로 플랫폼의 기원을 쫓다 보면, 회사 내부의 요구로 생기는 경우가 가장 많다. 아마존에서는 새로운 서비스를 조직하고 재빨리 운영하는 방법이 필요했다. 그 해답으로 기본적인 인프라구조를 구축하고 그 위에 새로운 서비스를 올리는 방식이 생겨났다.[39] 아마존은 다른 기업에도 비슷한 문제가 있으며 임대 수요가 많다는 사실을 재빨리 알아챘다. 이에 아마존웹서비스를 공개하고 클라우드 컴퓨터 서비스를 빌려주기 시작했다. 아마존웹서비스는 서버, 스토리지, 컴퓨터 연산에 필요한 주문형 서비스를 제공하고 소프트웨어 개발자 도구, 운영체제, 완성된 애플리케이션 전체를 빌려준다.[40] 그 덕분에 임차 회사는 하드웨어, 소프트웨어 개발도구, 애플리케이션 개발에 들어가는 막대한 시간과 비용을 절약한다. 대신에 그들은 '필요에 따라' 이런 자산을 빌려 쓰면 그만이다. 일례로 소프트웨어는 구독자 판매로 점점 더 변해간다. 어도비, 구글, 마이크로소프트 모두 이런 방식으로 옮겨간다. 최근에는 구글 역시 클라우드 시장에 뛰어들었다. 구글의 정교한 분석도구는 아마존웹서비스와 치열하게 경쟁한다.[41] 심지어 어떤 회사는 패턴 인식 알고리즘이나 음성녹취 수단도 빌려준다. 예컨대 구글은 머신러닝 프로세서를 판매한다(이는 클라우드 컴퓨팅 분야에서 구글이 다른 경쟁자보다 앞선 부분이다). 마찬가지로 마이크로소프트는 인공지능 플랫폼(요즘 말로는 '서비스로서의 지능'[42])을 개발해, 다른 회사가 자신만의 봇을 개발하도록 소프트웨어 도구를 제공한다. IBM 역시 양자 클라우드 컴퓨팅의 구현 쪽으로 노력한다.[43] 클라우드 플랫폼은 궁극적으로 정보기술 부서를 거의 외주로 돌릴 것이다. 이런 과정은 지식 노동자를 조직에서 쫓아내고 그들의 업무를 대거 자동화에 맡긴다. 데이터 분석, 고객 정보의 저장, 기업 서버의 유지, 이 모두는 클라우드 서비스로 바뀔 수 있으며, 경제성이라는 자본주의 논리는 이런 플랫폼의 사용에 정당성을 부여할 것이다.

이런 플랫폼의 논리는 전력이 작동하는 방식과 유사하다. 아마존의 최고경영자 제프 베조스는 이런 논리와 전기 공급을 비교한다. 초기의 공장은 발전기를 별도로 갖춰야 했지만, 전력 생산이 집중화되면서 전기는 '필요에 따라' 임차되었다. 오늘날 디지털 기초layer는 경제의 모든 영역과 점점 더 결합해, 모든 산업에 필수적인 인프라구조가 되었다. 따라서 디지털 기초를 지배하면 막대한 이윤과 권력이 생길 것이다. 〔이런 점에서 클라우드 플랫폼은 매우 유리하다.〕 게다가 데이터 추출에서도 클라우드 플랫폼은 확실히 유리하다. 전통적인 구매 모델에서는 마치 상품처럼 데이터가 팔려 나갔다. 따라서 데이터와 회사의 활동이 분리된다. 그러나 새로운 임대 모델에서는 데이터 수집이 끊임없이 이어진다. 아마존 같은 회사는 클라우드 형태로 사업모델을 전환해, 새로운 데이터 집합에 곧바로 접근한다(물론 모든 자료가 활용되지 않는다). 그러므로 아마존웹서비스의 가치가 약 700억 달러에 이르고,[44] 주요 경쟁자인 마이크로소프트와 구글뿐 아니라 알리바바처럼 중국의 경쟁자도 클라우드 산업에 진출하고 있는데, 이는 전혀 놀라운 일이 아니다. 게다가 아마존웹서비스는 아마존의 사업 가운데 가장 빠르게 성장하는 부문이며, 수익도 매우 많아서 2015년 약 30%의 마진과 약 80억 달러의 이익을 내고 있다. 2016년 1/4분기 아마존웹서비스는 아마존의 가장 중요한 활동인 소매 판매보다 높은 실적을 올렸다.[45] 구글과 페이스북이 최초의 데이터 추출 플랫폼에 성공했다면, 아마존은 오늘날 산업에 점점 더 중요한 생산수단의 임대에 성공해, 최초의 거대한 클라우드 플랫폼이 되었다. 클라우드 플랫폼은 광고주의 데이터 구매에 기대는 대신에, 디지털 경제의 기초인 인프라구조를 구축해 자신이 필요한 데이터를 수집하는 동시에, 다른 회사에 자산을 빌려줘 높은 수익을 올리고 있다.

산업 플랫폼

데이터의 수집, 저장, 분석에는 점점 더 비용이 내려간다. 이에 따라 더 많은 회사가 전통적인 제조업 분야에 플랫폼 도입을 시도한다. 그중에서도 '산업의 사물인터넷', 줄여서 '산업인터넷'이라고 불리는 형태가 눈에 띈다. 가장 기초적인 수준에서, 산업인터넷이란 센서와 컴퓨터 칩을 생산과정에 집어넣고 추적 장치(예컨대

RFID[46])를 물류과정에 장착해, 이 모두를 인터넷으로 연결하는 과정이다. 독일에서는 이런 과정을 '산업4.0'이라고 부른다. 이는 생산과정의 각 요소가 노동자나 경영자의 조정 없이 일관배치된 기계나 다른 요소와 소통할 수 있다는 관념에 기초한다. 이런 요소의 위치와 상태에 관한 데이터는 생산과정의 다른 요소와 끊임없이 자동적으로 공유된다. 이런 관점에서 물리적 상품은 그 상품에 대한 정보적 흐름representation과 분리되지 않는다. 그 주창자에 따르면 산업인터넷은 생산과정의 최적화에 기여한다. 그들은 산업인터넷이 노동비용을 25% 절약하고 에너지 비용을 20% 낮출 수 있다고 전망한다(일례로 데이터 센터는 필요한 곳에 필요한 만큼만 에너지를 분배한다). 또한 그들은 마모와 파괴 지점을 미리 예측해 유지비용을 40%까지 줄이고 적절한 작업계획으로 낭비시간도 없애며, 불량을 낮추고 품질도 높일 수 있다고 주장한다.[47] 요컨대 산업인터넷은 경쟁적인 제조업이 그동안 했듯이 비용을 낮추고 낭비시간도 줄여서, 생산과정을 더 효율적으로 만든다고 약속한다. 그러나 이와 동시에 산업인터넷은 생산과정과 실현과정을 더욱더 긴밀하게 연결하려고 한다. 포커스 그룹이나 설문조사에 기대는 대신에 제조업체는 판매하는 상품에서 사용자 데이터를 직접 뽑아내고, 이를 바탕으로 새로운 특징을 가미하거나 새로운 제품을 개발한다(예를 들어 A/B 테스트[48]를 비롯한 온라인 조사가 활용된다).[49] 게다가 산업인터넷은 대량 맞춤화mass customisation 전략을 가능하게 한다. 세계에서 가장 큰 화학회사인 바스프는 테스트 공장에서 모든 상품을 개별 단위로 생산할 수 있다. 예를 들어 각각의 비누 병에 각기 다른 향이나 색, 비누를 집어넣고 각각의 라벨을 붙일 수 있으며, 고객이 주문하자마자 이 모두를 자동으로 처리할 수 있다.[50] 그 결과 제품의 수명 주기가 큰 폭으로 줄어든다.

공장이 산업인터넷의 요소를 운용하기 시작하면서, 한 가지 중요한 과제가 나타났다. 그것은 통신의 공통 표준을 마련하는 일이었다. 특히 오래된 기계의 경우에, 부품과 부품 사이에 연동 가능성이 보장되어야 했다. 바로 여기서 산업 플랫폼이 등장한다. 이는 센서와 작동장치, 공장과 공급업자, 생산자와 소비자, 소프트웨어와 하드웨어 사이에 연결을 확보하는 기초 뼈대로 기능한다. 산업 플랫폼은 제조업의 발전소로 자리하며, 산업인터넷을 움직이는 하드웨어와 소프트웨어를 구축해 터빈, 유전, 엔진, 작업 현장, 운송 트럭, 각종 애플리케이션 사이에 매개로 작용한다. 어떤 보고서가 전망하듯이 산업인터넷과 더불어 '최대 승자는 플랫폼 소유자가 될 것이다.'[51] 따라서 어쩌면 당연하게도 인텔이나 마이크로소프트처럼 전통적인 기술계의 강자뿐 아니라, GE와 지멘스처럼 전통적인 제조업의 거인까지 산업인터넷의 플랫폼 개발에 뛰어들고 있다. 지멘스는 40억 유로를 투자해 마인드스페어라는 산업 플랫폼을 구축하고 스마트 제조역량을 확보한다.[52] 마찬가지로 GE는 프레딕스라는 플랫폼 개발에 최대한 속도를 내고 있다. 이 분야는 새로운 스타트업이 진출하기보다는 기존의 이런 회사가 여전히 지배하고 있다. 심지어 전통적 강자는 산업인터넷의 스타트업 회사에 많은 자금을 넣고 있다(상위 5개 투자사 가운데 네 곳이 전통적인 기업이다). 게다가 다른 창업 분야의 일반적 침체에도, 이 분야의 투자는 2016년 기준으로 여전히 강세를 보여준다.[53] 더욱이 산업 플랫폼으로의 변화는 국가 간 경쟁으로 표현되기도 한다. 이런 맥락에서 독일(지멘스로 대표되는 제조업의 전통적 강자)과 미국(GE로 대표되는 기술계의 강자)은 가장 선두에서 변화를 주도한다. 독일은 〔경제 전쟁이라는〕 이런 주장을 적극적으로 받아들여 그 기획을 지원하는 협력체계를 마련하고, 미국 역시 스마트 제조역량을 높이려고 비슷한 비영리 협력체계를 조직했다. 여기에는 미국 정부만이 아니라 GE,

인텔, 시스코, IBM 등 민간 회사가 참여하고 있다. 현재 독일의 협력체계는 산업인터넷을 지원하고 그 인식을 제고하는 정도에 그치고 있지만, 미국에서는 이 기술의 실행 수준까지 깊숙이 관여하고 있다.

여기서 경쟁은 궁극적으로 제조업의 독점 플랫폼을 구축할 능력을 놓고 벌어진다. GE의 최고디지털경영자가 말하듯이 '승자가 모든 걸 가지기' 때문이다.[54] 프레딕스와 마인드스페어는 이미 인프라구조 서비스(클라우드 기반 컴퓨팅), 개발자 도구, 산업인터넷의 관리 도구(예를 들어 공장 관리 앱스토어)를 제공하고 있다. 인트라넷을 관리하는 전용 소프트웨어를 제작하는 대신에, 이런 플랫폼은 필요한 도구를 임대로 공급한다. 예를 들어 막대하게 늘어나는 데이터를 처리하는 데 전문기술이 필요하고, 시계열 데이터나 지리 정보를 분석하는 데에도 새로운 도구의 개발이 필요할 것이다. GE의 액화천연가스 사업만 하더라도 이미 페이스북에 맞먹는 거대한 데이터를 수집하는데, 데이터 유입을 관리하는 데에도 일련의 전문화된 도구가 필요하다.[55] 마찬가지 이유로 빅데이터를 수집하고 분석하는 데 소프트웨어 개발이 필요하고, 물리 기반 시스템의 모델링 도구도 필요하며, 공장이나 발전설비를 조정하는 일에도 소프트웨어가 필요하다. 게다가 이런 플랫폼은 산업인터넷의 운영에 필요한 하드웨어 장비(서버, 저장장치 등)도 제공한다. 아마존웹서비스 등 범용 플랫폼과 경쟁하는 과정에서, 산업인터넷은 제조업 내부의 지식을 갖고 있어서 그 시스템의 운영에 안정성을 보장한다고 주장한다. 다른 형태의 플랫폼과 마찬가지로, 산업 플랫폼 회사도 경쟁자를 물리치는 수단으로 데이터 추출에 의존하며, 이를 통해 더 빠르고 값싸며 더 유연한 서비스를 확보한다. 이런 플랫폼은 공장, 고객, 앱 개발자 사이에 매개자로 자리하고, 그 덕분에 미세한 장비에서 거대한 공장에 이르기까지 전 지구적 제조업이 어떻게 작동하는지 이상적으로 관찰한다. 그리고 이렇게 수집한 데이터를 바탕으로 독점적 지위를 더욱더 강화한다. 지멘스와 GE는 플랫폼 표준 전략을 구사하는 동시에, 어떤 사람이 플랫폼에 접근할 수 있는지, 데이터를 어디에 저장할 것인지(특정 장소인지 클라우드인지), 어떤 사람이 앱을 개발할 수 있는지 등에는 개방적 자세를 유지한다. 네트워크 효과는 언제나 그렇듯 독점적 지위를 확보하는 데 중요하며, 이런 개방성은 더 많은 이용자를 유치하는 데 기여한다. 산업 플랫폼은 이미 두 회사의 가장 중요한 수익원이 되었다. GE는 프레딕스로 현재 50억 달러의 매출을 올리고,

2020년까지는 그 규모가 세 배로 늘 것으로 여겨진다.[56] 어떤 추산에 따르면 이 분야는 2020년까지 2,250억 달러 가치로 성장할 것이다. 이는 소비자 사물인터넷이나 기업용 클라우드 시장보다 더 큰 규모이다.[57] 그런데도 GE는 내부 문제를 처리하는 데 아마존웹서비스를 계속 사용한다. 달리 말해 독점력에 자신이 있다는 말이다.[58]

제품 플랫폼

결정적으로 앞에서 서술한 발전 – 특히 사물인터넷과 클라우드 컴퓨팅 – 덕분에 새로운 유형의 주문형 플랫폼이 가능하게 되었다. 제품 플랫폼과 린 플랫폼이 그것이다. 이들은 서로 밀접히 연관되어 있지만 분명히 구별되는 사업모델이다. 우버와 집카를 예로 들어보자. 양쪽 모두 고객이 원할 때 자산을 빌려주는 플랫폼이다. 이런 점에서 따지면 비슷해 보여도 사업모델에서는 완전히 달라진다. 집카는 자산, 즉 자동차를 소유한 다음에 빌려준다. 반면에 우버는 자산을 소유하지 않는다. 전자는 제품 플랫폼이고 후자는 거의 모든 비용을 외주로 돌리는 린 플랫폼이다. (그러나 우버는 결국에 자율주행 자동차를 운영하고자 한다. 그렇게 된다면 제품 플랫폼이 될 것이다.) 반면에 집카는 '제품을 서비스로' 제공하는 플랫폼 형태이다.

    어떤 재화는 한계비용이 영으로 떨어지는 경향이 있다. 제품 플랫폼은 이런 경향을 상쇄하려는 가장 중요한 시도 가운데 하나로 보인다. 음악은 전형적인 사례이다. 1990년대 후반에 이르면 작은 프로그램 하나만 설치해도 공짜로 음악을 구할 수 있었다. 소비자는 음악이 저장된 매체나 CD를 더 이상 사지 않았다. 레코드 회사의 수익이 급격히 떨어지고 수많은 부고가 언론에 떠돌았다. 그러나 최근 들어 플랫폼 서비스(스포티파이, 판도라) 덕분에 음악 산업이 부활에 들어갔다. 이들은 청취자뿐 아니라 광고주, 레코드 회사 쪽에서 골고루 수익을 얻고 있다. 〔그 배경에는 구독자 모델이 놓여 있다.〕 2010년과 2014년 사이에 구독자 서비스의 이용자는 800만 명에서 4,100만 명으로 성장했다. 구독자 수익은 다운로드 수익을 앞질러 디지털 음악의 가장 큰 수익원이 되었다.[59] 수년간의 하락세를 보인 끝에, 음악 산업은 2016년 수익 면에서도 반등할 것으로 여겨진다. 구독자 모델은 신문에서 보듯이 수백 년 전부터 존재했다. 그러나 오늘날 새로운 점이 있다면, 그 영역이 엄청나게 늘었다는 데 있다. 주택, 자동차, 칫솔, 면도기뿐 아니라 개인용 비행기도 구독자 형태로 변해간다. 제품 플랫폼이 왜 이렇게 번창하는가? 적어도 한 가지 이유는 1장에서 언급한 임금 하락과 정체에 있다. 가계 저축이 감소하면서 자동차나 주택처럼 값비싼 제품은 점점 더 인기가 떨어진다. 그 대신 저렴한 임대료가 매력적인 대안으로 등장한다. 일례로 영국에서는 2008년 이후 주택 판매가 줄어들고 민간의 임대 주택이 급격히 늘어났다.[60]

주문형 플랫폼은 소프트웨어와 소비재 상품에만 영향을 미치지 않았다. 주문형 경제의 가장 이른 시도 가운데 하나는 중간재, 특히 내구재 상품에 초점을 두었다. 그중에서도 가장 중요한 시도는 제트엔진 사업에서 나타났다. 엔진을 파는 사업에서 추진력을 빌려주는 사업으로 바뀐 것이다. 1990년대 후반 롤스로이스가 이런 변화를 주도했고, 주요 3사 – 롤스로이스, GE, 프랫앤휘트니 – 사이에 사업모델이 점점 더 닮아갔다. 전통적인 모델에서는 엔진을 개발하고 팔았는데, 경쟁은 강렬하고 수익은 비교적 낮았다. 1장에서 묘사한 경쟁 동학이 여기서도 펼쳐진 것이다. 지난 40년간 제트엔진 사업에는 새로 진입한 회사도 없지만 물러난 회사도 거의 없었다.[61] 그렇다고 경쟁이 없는 것도 아니었다. 점진적 기술 개선으로 주요 3사 사이에는 치열한 싸움이 벌어졌다. 이와 같은 기술 경쟁은 여전히 상수로 남아 있다. 예를 들어 3D프린터 기술이 제트엔진 산업에서 가장 먼저 도입되었다(GE의 가장 인기 있는 제트엔진은 수많은 부품을 용접하는 대신에 3D 프린터로 출력한다).[62] 그러나 엔진의 수익 자체는 여전히 낮았고 경쟁은 너무나 치열했다. 반면에 엔진의 유지보수는 이윤이 매우 높아서, 추정에 따르면 판매보다 일곱 배나 많았다.[63] 그러나 진입장벽이 너무 낮아서 안정적인 수입이 보장되지 않았다. 이런 과제에 직면해 롤스로이스는 '제품을 서비스'로 전환하는 새로운 모델에 착수했다. 이제부터 항공사는 제트엔진을 사지 않고 시간당 사용료를 지불한다. 대신에 롤스로이스는 유지보수를 책임지고 교체 부품을 공급한다.

데이터라는 원료는 다른 종류의 플랫폼과 마찬가지로 이런 플랫폼에서도 매우 중요하다. 모든 엔진에는 센서가 장착되고, 모든 비행기마다 거대한 양의 데이터가 추출되며, 이런 데이터는 날씨 데이터, 항공관제 정보 등과 합쳐져 영국에 있는 통제 센터로 보내진다. 날씨, 엔진 마모, 잠재적 문제, 유지보수 일정에 관한 모든 정보가 바로 거기서 산출된다. 이런 데이터는 경쟁자를 차단할 뿐 아니라 시장에 진입하려는 외부의 유지보수 회사를 견제하는 데 매우 유용하다. 엔진의 작동에 관한 데이터는 새로운 엔진의 개발에 있어서도 매우 중요하다. 롤스로이스는 이런 데이터를 활용해 연료 효율을 개선하고 엔진 수명을 늘리며, 또 다른 경쟁 우위를 확보해 다른 엔진 제조사를 물리치려고 한다. 이번에도 플랫폼은 데이터를 추출하고 경쟁자를 억제하는 최적의 형태로 나타난다. 데이터와 데이터를 추출하는 네트워크 효과는 기업이 지배력을 확보하는 수단인 것이다.

린 플랫폼

방금 설명한 모든 맥락에서 린 플랫폼 회사는 가장 최근에 나타났지만 인터넷 기반 경제의 초기로 회귀한 것으로 보인다. 이제까지 살펴본 모든 플랫폼 형태는 어떤 방식이건 이윤을 생산하는 새로운 모델을 창출했지만, 오늘날 린 플랫폼 회사는 1990년대와 마찬가지로 '이익보다 성장'이라는 모델에 의존한다. 우버와 에어비앤비는 짧은 기간에 누구나 아는 이름이 되었고 이런 부활한 모델의 상징적 존재가 되었다. 여기에는 몇 가지 서비스(예를 들어 청소, 왕진, 장보기, 배관 등)를 제공하는 전문화된 기업부터, 태스크래빗이나 메커니컬터크처럼 수많은 서비스를 제공하는 일반적인 포털까지 다양한 플랫폼이 존재한다. 그러나 이들 모두 이용자, 소비자, 노동자 사이에 만남을 주선하는 플랫폼이라고 자신을 내세운다. 그렇다면 왜 '린' 플랫폼이라고 불리는가? 자주 인용되는 답변을 빌려오면, '세계에서 가장 큰 택시회사인 우버는 자동차를 갖지 않는다 …… 가장 큰 숙박업체인 에어비앤비는 부동산을 갖지 않는다.'[64] 이런 회사는 마치 자산이 없는 회사처럼 여겨지며, 그래서 가상 플랫폼이라고 불리기도 한다.[65] 그러나 이런 회사는 결정적으로 가장 중요한 자산을 갖고 있다. 소프트웨어, 데이터 분석과 관련된 플랫폼이 그것이다. 린 플랫폼은 초-외주화 모델이 없다면 작동하지 않는다. 노동자는 외주로 돌려지고 고정자본도 외주에 의존한다. 유지비용도 외주에 떠넘기고 훈련도 외부에 맡겨진다. 대신에 가장 중요한 추출 장치만 내부에 남겨둔다. 그것만 있어도 플랫폼을 통제하고 독점 지대를 얻는 데 충분하기 때문이다.

이런 회사의 가장 악명 높은 부분은 외주에 의존하는 노동자 고용이다. 미국에서 이런 플랫폼은 노동자를 '종업원'보다는 '독립계약자'로 취급한다. 이로 인해 급여, 시간 외 수당, 병가 수당, 기타 비용이 줄어들어 전체 노무비가 30% 가까이 감소한다.[66] 게다가 종업원 신분이 되어야 훈련을 받기에 교육비용까지 외주로 맡겨진다. 이런 과정은 [조직 내부의 승진이나 평가가 아니라] 평판 체계로 노동자를 통제하려고 한다. 그러나 평판 체계는 그 자체로 젠더화되고 인종차별적이며 사회적 편견에 취약하다. 게다가 도급계약자는 실적에 따라 수당을 받는다. 우버는 모든 운행마다, 에어비앤비는 모든 임대마다, 메커니컬터크는 모든 건수마다 일정한 수수료를 지급한다. 이런 접근에서 노무비가 절감된다는 사실을 고려하면, '성과급은 자본주의 생산양식과 가장 잘 어울리는 임금 형태'[67]라는 마르크스의 주장은 전혀 놀라운 일이 아니다. 그러나 앞에서 봤듯이, 노동의 외주화는 1970년대에 출발한 더 넓고 오래된 경향의 일부이다. 상품 판매와 관련한 일자리가 가장 먼저 외주로 돌려지고, 비대면 서비스가 그다음 차례로 이어졌다. 1990년대 나이키는 대부분의 노동자를 외부에서 조달하고 하도급 형태의 이상적 기업이 되었다. 수직적 통합 대신에 나이키는 소수의 디자인·브랜드 인력만 남기고, 비핵심 부문인 상품의 제조는 다른 회사에 넘겨 버렸다. 그리하여 1999년쯤에는 "일회용" 노동자의 "적시공급" 시대가 온다는 불안에 찬 소리가 이미 울려 퍼졌다.[68] 게다가 이런 문제는 린 플랫폼의 범위를 훌쩍 넘어선다. 예를 들어 애플은 제품 생산에 필요한 노동자 가운데 10% 정도만 직접 고용한다.[69] 마찬가지로 미 노동성의 자료만 살펴봐도, 우버뿐 아니라 많은 회사가 노동자를 독립계약자로 잘못 표기한다.

일부 사례만 인용하며 건설 노동자, 경비 노동자, 바리스타, 배관공, 식당 노동자 등이 대표적이다.[70] 사실 린 플랫폼과 가장 가까운 노동시장은 오래된 저차원 기술low-tech 분야에서 발견된다. 예컨대 일용직 시장에서 농업 노동자, 부두 노동자, 기타 저임금 노동자는 아침마다 정해진 장소에 나와서 일자리를 구한다. 마찬가지로 개발도상국에서 휴대전화는 필수품이 되었다. 휴대전화가 없으면 비공식 노동시장에서 일자리를 얻지 못한다.[71] 긱경제는 이런 장소를 온라인상으로 옮기고 광범위한 감시망을 더한 것에 불과하다. 실리콘 벨리는 생존의 도구를 해방의 도구로 판매할 뿐이다.

우리는 더 넓은 통계에서 똑같은 변화를 확인할 수 있다. 전체 경제에서 비전형 일자리가 대폭 늘어난 것이다. 2005년[72] 미 노동통계국의 발표에 따르면 거의 1,500만 명의 노동자가 '대체고용' 범주에 들어간다(이 숫자는 경제활동인구의 10.1%에 해당한다).[73] 여기에는 대체계약 약정에 따라 고용된 노동자(호출노동자, 독립계약자), 제3자의 중계로 고용된 노동자(파견노동, 도급노동)가 포함된다. 그런데 2015년 이 범주는 경제활동인구의 15.8%로 급격히 늘어났다.[74] 증가분의 거의 절반(2.5%)이 외주화 증가로 설명되며, 특히 보건·교육·행정 분야에 집중된 것으로 드러났다. 2005년부터 2015년 사이에 미국에서는 910만 개 일자리가 증가했다. 그러나 놀랍게도 같은 기간에 940만 개의 대체계약 일자리가 늘어났다. 결국 2005년 이후 일자리 증가는 (대체로 불안정한) 이런 종류의 범주에서 일어난 것이다.[75] 비슷한 추세가 자영업 분야에서도 발견된다. 자신을 자영업자로 여기는 사람은 감소했지만, 자영업자로 세금을 신고한 사람은 오히려 늘어났다.[76] 여기서 알 수 있듯이 불안정 일자리가 꾸준히 늘어나는 장기 경향이 존재하며, 2008년 이후에는 그 속도가 점점 더 빨라졌다. 영국에서도 비슷한 경향이 나타났다. 2008년 이후 자영업의 순증가는 66.5%에 이르고 그 덕분에 실업률이 크게 떨어졌다.[77]

린 플랫폼은 이런 경향과 어디에서 만나는가? 가장 명확한 지점은 독립계약자와 프리랜서 범주이다. 공식 통계를 살펴보면 2005년부터 2015년 사이에 이런 범주는 1.7% 늘어났다(290만 명).[78] 그러나 증가분의 대다수는 온라인 활동이 아니라 오프라인 활동에서 나왔다. [고용의 다른 범주는 어떤가?] 현재 공유경제의 직접 지표는 제공되지 않아서, 설문 조사나 다른 간접 지표를 참조해야 한다. 거의 모든 추정치에 의하면, 미국의 경제활동인구 가운데 약 1%가 린 플랫폼이 조성한 온라인 공유경제에 종사한다.[79] 그러나 여기서도 우버의 운전자가 다수를 이루기 때문에, 이 같은 수치는 신중히 살펴야 한다.[80] 실제로 우버를 제쳐두면 공유경제의 규모는 미미한 실정이다. 영국에서는 현재 이용할 수 있는 증거가 거의 없지만, 지금까지 실시한 가장 정확한 조사에 의하면 린 플랫폼에 참여하는 사람은 미국보다 약간 많은 것으로 나타난다. 130만 명의 영국 노동자(경제활동인구의 3.9%)가 일주일에 적어도 한번은 린 플랫폼에서 일자리를 구한다. 또 다른 추산에 따르면 그 숫자는 경제활동인구의 3-6%를 차지한다.[81] 물론 다른 조사는 약간 더 높은 수치를 제시하지만, 조사 범주가 너무 넓어서 신뢰성이 떨어진다.[82] 이상의 결과를 종합할 때 공유경제는 (노동의 외주화라는) 커다란 경향에서 비롯하며, 그마저도 2008년 이후 실업의 급격한 증가에 의존한 것으로 보인다. 앞에서 봤듯이 불안정 노동은 꾸준히 증가했고, 이런 기조 위에 위기가 발생하자 미국에서는 실업률이 두 배로 뛰었고 장기실업률이 거의 세 배로 올라갔다. 게다가 위기의 여파로 고용 없는 회복이 일어났다. 경제성장은 돌아왔지만 고용성장은 돌아오지 않았다. 그 결과 수많은 노동자가 처절한 생존 경쟁에 내몰렸다. 바로 이런 맥락에서 자영업은 자유롭게 선택한 경로가 아니라 강제된 결과이다. 린 플랫폼 노동자의 인구학적 특성을 살펴보면 이런 사실은 명확히 확인된다. 태스크래빗의 노동자 가운데 70%가 대학을 졸업했으며, 심지어 5%는 박사학위를 갖고 있다.[83] 국제노동기구의 조사에 의하면 아마존의 메커니컬터크에서도 교육 수준이 매우 높았다. 그럼에도 노동자의 37%가 클라우드 업무를 자신의 주된 직업으로 꼽았다.[84] 게다가 우버가 시인하듯이 런던의 운전자 가운데 약 1/3이 10% 이상의 고실업 지역에서 나왔다.[85] 건강한 경제라면 더 좋은 일자리가 많아서, 이런 사람들이 마이크로 잡micro-tasking[86] 따위에 쏠리지 않을 것이다.

다른 플랫폼 형태는 하나같이 새로운 요소를 창출했다. 반면에 린 플랫폼에서는 어떤 새로운 점이 있는가? 방금 묘사한 넓은 맥락에서 바라볼 때, 린 플랫폼이 한 일은 기존 경향을 새로운 영역으로 넓혔을 뿐이다. 외주화는 제조업, 행정, 병원에서 최초로 나타났지만, 최근에는 택시, 미용, 패션, 청소, 배관, 운전, 콘텐츠 정리 등 새로운 업무로 확산되었다. 화이트칼라 직군도 예외는 아니다. 예를 들어 교열 업무, 프로그래밍, 관리 업무가 외주로 넘어간다. 노동시장 측면에서 린 플랫폼은 과거의 비시장성 서비스를 거래 가능한 시장성 서비스로 바꾸고, 노동의 공급도 사실상 전 지구적 수준으로 확장했다.

이제는 수많은 업무가 메커니컬터크나 유사 플랫폼에서 가상으로 이뤄진다. 이로 인해 기업은 개발도상국의 저렴한 노동력을 착취해 비용을 절약한다. 게다가 전 지구적 노동시장의 압력으로 이런 업무는 점점 더 가치가 떨어진다. 린 플랫폼 회사는 (노무비 말고도) 다른 비용도 외주로 절감한다. 이는 (새로운 시도가 아니지만) 그 범위가 하도 넓어서 현재까지의 가상 플랫폼 가운데 가장 극단적인 시도이다. 그 과정에서 이런 회사는 클라우드 플랫폼이 제공한 자원에 의존한다. 예전 같았으면 사업에 필요한 전산 장비, 전문기술 따위를 갖추는 데 막대한 자금이 들어갔다. 그러나 최근에는 하드웨어뿐 아니라 소프트웨어도 클라우드 기업에서 간단히 빌려 쓴다. 오늘날 스타트업 회사는 이런 기반 위에 번성한 것이다. 에어비앤비, 슬랙, 우버뿐 아니라 다른 많은 벤처 회사가 아마존웹서비스를 이용한다.[87] 게다가 우버는 구글의 지도, 트윌리오의 메시지, 샌드그리드의 이메일, 브레인트리의 결제서비스를 사용한다. 요컨대 우버는 다른 플랫폼에 기초한 린 플랫폼이다. 마찬가지로 이런 회사는 재무제표에서 비용을 떼내어, 노동자들에게 전가한다. 예를 들어 투자비(에어비앤비의 숙박시설, 우버와 리프트의 자동차), 유지보수비, 보험료, 감가상각비 등이 그렇다. 인스타카트(장보기 서비스) 같은 회사는 광고를 대가로 식품 공급자(예컨대 펩시), 소매점(예컨대 홀푸드) 등으로 비용을 떠넘긴다.[88] 그러나 이런 수단에도 인트타카트는 60%의 사업에서 여전히 손해를 보고 있다. 사무실 공간의 비교적 높은 비용이나 핵심 인력의 연봉을 고려하면, 이런 수치는 훨씬 더 나빠질 것이다.[89] 수익성이 낮다는 사실은 앞으로 임금이 깎인다는 선행지표로 기능한다. 그리고 이런 현상은 린 플랫폼에서 너무나 흔한 일이다.

게다가 이런 현상은 데이터 추출을 둘러싼 기업 간 경쟁을 촉진하기도 했다. 이번에도 플랫폼의 데이터 접근과 최적화가 경쟁을 좌우한다. 우버는 이런 시도에서 가장 좋은 사례이다. 우버는 운전자에 관한 데이터뿐 아니라 운행에 관한 모든 데이터를 수집하고 심지어는 승객이 없을 때도 데이터를 수집한다.[90] 운전자가 어떻게 운전하는지, 무엇을 하고 있는지 따위를 조사해, 그 데이터로 경쟁자를 물리치려고 한다. 예컨대 우버는 운전자가 다른 택시 플랫폼을 사용하지 않는지 감시한다. 게다가 우버의 운행 알고리즘은 교통 패턴에 관한 데이터를 활용해 가장 효과적인 길을 찾는다. 데이터는 다른 알고리즘에 반영되어 어디에 수요가 많은지 미리 예측하고 근처에 있는 승객과 운전자를 연결하기도 한다. 심지어 중국에서는 운전자가 시위에 가는지 아닌지 관찰한다. 이 모두는 승객의 관점에서 빠르고 효율적인 서비스를 제공하고 경쟁자의 접근에서 이용자를 차단하게 한다. 이와 같이 데이터는 린 플랫폼의 경쟁에서 가장 중요한 수단 가운데 하나이다.

그런데도 이런 회사는 수익성 때문에 여전히 고전을 면치 못한다. 외부에서 유입되는 자금이 없다면 버티기도 힘든 실정이다. 앞에서 봤듯이 2008년 위기는 몇 가지 효과를 가져왔다. 그중에서도 중요한 결과를 꼽자면, 완화된 통화정책이 강화되었고 기업의 현금이 폭발적으로 늘었다는 점에 있다. 린 플랫폼의 호황은 이런 점에서 2008년 이후의 산물이다. 이 분야의 성장은 스타트업 회사의 투자약정에서 분명히 나타난다. 2009년 이후 벤처자본의 투자 건수는 세 배까지 늘어났다.[91] (회사 규모가 너무 커서) 우버를 빼고 보더라도 주문형 모바일 서비스는 2014년 17억 달러를 유치했다. 2013년에 비하면 316%가 성장한 실적이다.[92] 2015년이 되어서도 이런 추세는 꺾이지 않았다. 투자 건수도 계속해서 늘었고 금액도 늘어났다. 그러나 린 플랫폼의 투자에는 맥락적 이해가 필요하다. 주문형 모바일 서비스를 살펴볼 때, 우리는 우버의 〔독점적〕 위치를 먼저 고려해야 한다. 자금 조달의 측면에서 우버는 2014년 압도적 성과를 올렸다. 수치로 따지면 다른 모든 회사를 합친 것보다 39%가 많았다.[93] 2015년 우버, 에어비앤비, 우버의 중국 경쟁자인 디디추싱은 주문형 스타트업에 들어간 모든 자금 가운데 59%를 차지했다.[94] 2009년 최고점(거의 1,000억 달러)에 비하면 여전히 미약한 편이지만, 2015년 신생 기술회사는 590억 달러의 자금을 유치해 투자의 광적인 대상이 되었다.[95] 그런데 이런 자금은 어디에서 나오는가? 간추려 말하면, 그 출처는 저금리 환경에서 더 높은 수익을 추구하려는 잉여자금이다. 저금리는 전통적인 금융 투자의 수익률을 낮추었고 이로 인해 투자자는 새로운 수익원을 찾아야 했다. 오늘날 기술 호황은 금융이나 주택 호황보다 이런 잉여자본에 더 많이 의존한다. 심지어 비전통적인 자본까지 수익률 경쟁에 뛰어들고 있다. 예컨대 헤지펀드, 뮤추얼펀드, 투자은행이 참여해 기술 호황에 크게 기여한다. 실제로 기술 스타트업 분야에서, 가장 중요한 거래는 헤지펀드와 뮤추얼펀드에서 비롯한다.[96] 거대 기업 역시 벤처 회사에 자금을 넣고 있다. 구글은 불행하게 끝난 홈조이의 주요 투자자였고 물류회사인 DHL은 주문형 서비스인 마이웨이를 창업했다. 인텔이나 구글 같은 회사도 다양한 스타트업 회사에 지분을 투자했다. 마찬가지로 우버 역시, 탈세 기술의 도움으로 전 세계 135개 이상의 자회사를 거느리고 있다.[97] 그런데도 린 플랫폼의 수익성은 아직까지 증명되지 않았다. 예전의 닷컴 호황과 마찬가지로, 린 플랫폼 분야의 성장은 실현된 이익보다는 미래의 수익이라는 기대에 의존한다. 우버가 독점적 지위를 확보한다면 택시 사업의 낮은 수익을 만회하고도 남는다는 희망이 존재한다. 그러나 이런 기업이 독점적 지위에 오르기 전에는 (그리고 그때가 온다고 해도) 수익성은 실질적인 것이 아니라, 오직 임금 삭감이나 비용 절감에서 나올 것으로 여겨진다.

이제까지 논의를 요약하면 린 플랫폼은 몇 가지 경향과 계기의 산물로 보인다. 한편에는 외주화, 잉여인구, 삶의 디지털화라는 [장기] 경향이 존재한다. 이와 더불어 2008년 이후에는 실업이 급격히 늘어나고 완화된 통화정책이 강해졌으며, 잉여자본이 폭발적으로 증가하고 클라우드 플랫폼이 급속히 성장했다. 린 모델은 엄청난 찬사를 받았고 우버의 사례처럼 거대한 벤처자본을 끌어왔지만, 이로 인해 선진 자본주의 경제가 크게 변했다는 증거는 거의 없다. 외주화라는 관점에서 린 모델은 장기 경향의 사소한 행위자에 불과하다. 게다가 대부분의 린 플랫폼 회사는 이윤 창출 능력이 거의 없으며, 소수의 전문화된 모델만 겨우 수익을 내고 있다. 심지어 그마저도, 대다수 성공한 린 모델은 실질적인 수익 창출이 아니라 벤처자본의 후견에 기대고 있다. 린 모델은 경제의 미래, 노동의 미래를 뜻하지 않는다. 오히려 몇 년 안에 무너질 가능성이 높아 보인다.

결론

이번 장은 다음과 같은 주장으로 시작했다. 21세기 자본주의는 자신이 전유할 거대한 새로운 원료를 발견했다. 데이터 말이다. 일련의 발전을 거쳐 플랫폼은 이런 데이터를 독점하여, 추출·분석·사용·판매하는 점점 더 지배적인 사업조직 방식이 되었다. 포드주의 시대의 오래된 사업모델은 생산과정이나 소비과정에서 데이터를 추출하는 초보적인 능력만 사용했다. 린 생산 시기에는 이런 능력에 약간의 개선이 있었다. 전 지구적 '적시' 공급망이 재고 상태와 공급 지점을 파악하는 데 데이터를 요구했기 때문이다. 그러나 기업 밖에 있는 데이터는 거의 접근할 수 없었다. 게다가 기업 안에서도 대부분의 활동이 기록되지 않았다. 반면에 플랫폼 회사는 데이터 추출이라는 DNA를 갖고 있다. 플랫폼 모델은 그 위에 다른 상품,

서비스, 기술을 올려두고, 더 많은 이용자를 끌어들여 네트워크 효과를 누리며, 기록과 저장을 간편하게 하는 디지털 기반 매체로 작용한다. 이 모든 특징은 − 다양한 방식으로 사용되는 원료인 − 데이터를 추출하는 가장 이상적인 모델로 만든다. 앞에서 우리는 몇 가지 플랫폼 유형을 간단히 살펴봤다. 이로써 알 수 있듯이 데이터는 다양한 방식으로 활용되어 수익 창출에 기여한다. 구글과 페이스북 같은 회사는 주로 광고주와 기타 이해 집단을 유인하는 데 데이터를 사용한다. 롤스로이스와 우버 같은 회사는 경쟁자를 물리치는 핵심 수단으로 데이터를 사용한다. 그들은 데이터를 발판으로 더 좋은 상품과 서비스를 개발하고 노동자를 통제하며 알고리즘을 개선해 경쟁력을 높이려고 한다. 마찬가지로 아마존웹서비스, 프레딕스 같은 플랫폼은 데이터를 수집·분석·활용하는 기초 인프라구조를 구축하고 (소유해), 이런 자산을 다른 회사에 빌려줘 일정한 수익을 올린다. 이 모든 사례에서 플랫폼은 데이터 추출의 이상적 장치로 기능하며, 사업모델상의 핵심에는 거대한 양의 데이터 수집이 놓여 있다.

이런 새로운 사업방식에는 몇 가지 장기 경향과 단기 순환이 얽혀든다. 린 생산과 '적시생산' 공급망은 1970년대 이래 꾸준히 이어진 변화이며, 디지털 플랫폼은 이런 경향을 오늘날 강화된 방식으로 연속한 것이다. 외주화 경향도 마찬가지이다. 일부 회사는 이런 경향과 거리가 있는 듯이 보이지만 실제로는 매우 밀접하다. 예를 들어 구글과 페이스북의 콘텐츠 관리는 대부분 필리핀에서 이뤄진다. 약 10만 명의 직원이 소셜미디어와 클라우드 저장소에서 검색 관리에 종사한다.[98] 또한 아마존은 악명 높은 저임금으로 창고 직원을 착취한다. 게다가 그들은 엄청나게 넓고 촘촘한 감시망과 통제 시스템에 종속된다. 이런 회사는 저숙련 노동자를 외부로 내보내고 고숙련 핵심 노동자만 높은 임금을 유지한다. 결국에 이런 회사는 외주화의 일반적 경향에서 거의 벗어나지 않는다. 시야를 조금 더 넓히면 2008년 이후 미국에서는 독립계약이나 호출노동처럼 비전형 일자리가 고용 증가를 이끌었다. 게다가 우버 같은 회사는 이런 외주화 과정과 린 사업모델의 구축에서 극단적 형태로 나아갔다. 이런 회사는 이윤 창출의 수단으로 거의 모든 자산을 외주로 돌린다. 그러나 우리가 봤듯이 위기 이후 이런 회사의 수익은 대부분 임금 삭감에서 나왔다. 《이코노미스트》가 마지못해 시인하듯이, 2008년 이후 '국내총생산 가운데 임금 몫이 1990년대 평균 수준으로 돌아간다면, 미국 기업의 소득은 1/5로 줄어들 것이다.'[99] 이로 인해 절망에 빠진 잉여인구가 점점 더 많아지고 저숙련의 저임금 노동자가 큰 폭으로 늘어났다. 한편에는 이렇게 착취하기 쉬운 노동자 집단이 늘었다면, 다른 한편에는 저금리 상황이 유발한 거대한 잉여자본이 쌓여 갔다. 탈세, 막대한 기업 저축, 완화된 통화정책이 결합해 천문학적 금액이 탄생했다. 게다가 이런 자본은 다양한 방식으로 더 높은 수익을 찾기 시작했다. 신생 기술회사는 훌륭한 투자처로 떠올랐고 2010년 이후 막대한 자금을 끌어들였다. 바로 이런 맥락에서, 린 플랫폼 경제는 자본주의를 재건하는 선구자가 아니라, 초저금리와 극단적 유동성이 촉발한 잉여자본의 배출구로 간주되어야 한다.

린 플랫폼은 오래갈 현상으로 보이지 않는다. 그러나 이 장에서 살펴본 다른 사례는 자본주의 기업의 작동 방식에 커다란 변화를 가져올 것으로 전망된다. 디지털 기술을 발판으로 플랫폼은 이런저런 산업을 선도하고 통제할 수단으로 부상한다. 산업들의 정점에서 플랫폼은 다른 기업이 작동하는 기초 지형을 제공하고 그 덕분에 제조, 물류, 디자인 회사보다 우위에 서게 된다. 게다가 플랫폼 회사는 일련의 새로운 산업에서 상품을 서비스로 전환한다. 어떤 평론가는 이런 변화를 가리켜 소유의 시대가 끝났다고 선언한다. 하지만 정확히 말하면,

이는 소유의 종말이 아니라 소유의 집중이다. '접속의 시대'라는 찬사는 현실을 오도하는 공허한 미사여구에 불과하다. 마찬가지로 린 플랫폼에서는 자산 없는 가상 조직이 추구되지만, 다른 한편에서는 반대 경향이 출현한다. 가장 중요한 플랫폼 회사가 거대한 인프라구조를 구축하고, 막대한 자금을 쏟아 부어 다른 회사를 인수하거나 자사의 역량을 확충하는 것이다. 이런 회사는 단순한 정보의 소유자가 아니라 사회기반시설의 소유자로 변신한다. 따라서 더 넓은 경제에 이런 플랫폼이 어떤 효과를 주는지 알고자 한다면, 이런 회사의 독점화 경향이 반드시 고려되어야 한다.

3장. 거대한 플랫폼 전쟁

플랫폼이 디지털 경제의 새로운 사업모델이라면, 자본주의의 긴 역사를 놓고 볼 때 플랫폼은 어떻게 나타나는가? 특히 지금까지의 논의에서 우리는 자본주의의 근본 동학 가운데 하나를 거의 다루지 않았다. 자본 간 경쟁이 그것이다. 1장에서 우리는 장기침체라는 맥락에서 시작했다. 즉 1970년 이후 제조업에서는 과잉설비와 과잉생산이 발생하고 전 지구적 경제는 이런 부담에 시달리기 시작했다. 많은 기업이 고정자본의 파괴를 꺼렸고 그렇게 할 수도 없었다. 새로운 설비에도 투자를 꺼렸고 그렇게 할 수도 없었다. 결국에 국가 간 경쟁이 꾸준히 이어졌고 제조업에서는 과잉생산 위기가 가라앉지 않았다. 이런 상황에서 경제성장은 좀처럼 돌아오지 않았다. 그러다가 1990년대 경제를 자극하는 새로운 방식이 미국에서 개발되었다. 자산-가격 케인스주의가 그것이다. 정책 당국은 저금리를 유도해 자산 가격을 끌어올리고 부富의 효과를 창출해 광범위한 경제성장을 촉진하려고 했다. 그 결과 1990년대 닷컴 호황이 일어나고 21세기 초에는 주택 부분의 거품이 생겨났다. 앞장에서 봤듯이 자산-가격 케인스주의는 여전히 살아남아 최근에는 다른 동인과 결합해 기술 스타트업 회사에 광적인 열풍을 낳기도 했다. 그럼에도 불구하고 이런 새로운 회사는 신기술의 화려함과 앱 인터페이스의 매끈한 표면 뒤에서, 자본주의에 어떤 광범위한 효과를 낳고 있는가? 이번 장에서 우리는 이런 회사가 장기침체라는 일반적인 경제 조건에 어떤 경향을 주입하고 있는지 한걸음 뒤에서 살펴보려고 한다. 어떤 논자는 자본주의가 기술복합체를 창출하고 채택해, 자기 자신을 새롭게 만든다고 주장한다. 과거에는 증기기관과 철도, 철강과 중공업, 자동차와 석유화학이 그런 역할을 했다면, 지금은 정보통신 기술이 그렇다는 것이다.[1] 달리 말해 오늘날 우리는 새로운 인프라구조의 채택을 보고 있는가, 그리하여 자본주의는 빈약한 성장을 회복할 수 있는가? 디지털 시대에는 〔자본 간〕 경쟁이 이어질 것인가, 아니면 독점 자본주의가 나타날 것인가?

네트워크 효과와 더불어, 독점화 경향은 플랫폼의 DNA로 장착된다. 이른바 더 많은 이용자가 들어오면 더 많은 상호작용이 일어나고, 그 덕분에 플랫폼 전체는 각자에게 더 많은 가치를 갖게 된다. 게다가 네트워크 효과로 초기의 우위는 산업을 선도하는 영구적 지위로 굳어지는 경향이 나타난다. 더군다나 플랫폼은 복수의 네트워크 효과를 결합하고 강화하는 독특한 힘을 갖는다. 예를 들어 우버는 운전자의 증가에서 네트워크 효과를 얻기도 하지만 승객이 늘어나도 똑같은 효과를 얻는다.[2] 선도적 플랫폼은 다른 방법에 의해서도 자신의 지위를 유지하려고 한다. 가장 먼저 데이터 수집의 장점에 의존한다. 더 많은 활동에 접근하면 더 많은 데이터 추출이 가능하고, 그 결과 더 많은 가치가 생산되며 이를 바탕으로 더 많은 활동에 접근하는 일이 가능하다. 마찬가지로 우리 삶의 더 많은 영역에 접근하면, 예측력이 더욱더 좋아지고 결국에 더 많은 데이터가 플랫폼에 집중된다. 우리는 이메일, 일정, 영상기록, 검색기록, 위치정보 따위를 구글에 제공하고, 이렇게 수집한 단편 대신에 구글은 더 나은 예측 서비스로 보답한다. 다음으로 플랫폼에서는 보완재 전략도 구사한다. 안드로이드 기반의 유용한 소프트웨어는 안드로이드 사용자를 더 늘리고, 이로 인해 안드로이드 개발자 숫자가 더 늘어날 것이다. 마지막으로 플랫폼은 상품과 서비스 생태계를 구축해 경쟁자를 물리치려고 한다. 예를 들어 안드로이드 전용 앱이 출현하고 페이스북 전용 서비스가 등장한다. 이 모든 수단dynamics에 기초해 플랫폼은 점점 더 늘어나는 이용자와 그들이 창출한 데이터를 중앙에서 통제하며, 마침내 독점 기업으로 변신한다. 광고 수익이 얼마나 집중되는지 살펴보면, 이런 독점이 얼마나 심각한지 알 수 있다. 2016년 페이스북, 구글, 알리바바는 전 세계 디지털 광고의 절반을 차지할 것으로 여겨진다.[3] 미국에서는 페이스북과 구글이 온라인 광고 수익의 75%를 점유하고 새로운 광고 매출의 85%를 쓸어간다.[4]

그러나 다른 한편, 자본주의는 더 많은 독점 수단만이 아니라 더 많은 경쟁 수단도 창출한다. 예를 들어 법인 형태가 출현하고 거대 금융기관이 부상하며 국가의 통화정책이 발전한다. 그리고 이 모두는 산업의 새로운 노선을 열어젖혀 기존의 독점 구조를 무너뜨린다.[5] 마찬가지로 산업의 경쟁 조건도 중요하다. 디지털 플랫폼이 존재하는 산업에는 새로운 경쟁자가 출현하면 격심한 변동이 일어난다.[6] 이런 관점에서 독점은 언제나 일시적인 것으로 여겨져야 한다. 그러나 최근에는 이런 현상에

제동이 걸렸다. 일단 자본 투자가 독점을 뒤흔들 정도로 충분하지 않다. 게다가 데이터 접근, 네트워크 효과, 경로 의존성이 진입 장벽으로 작용해, 구글과 같은 독점 회사가 견고하게 유지된다. 그러나 이는 경쟁이나 지배력 싸움이 끝났다는 말이 아니다. 정확히는 경쟁 형태가 변한 것이다.[7] 특히 가격보다는 다른 영역에서 경쟁이 벌어진다(예를 들어 많은 서비스가 무료로 제공된다). 여기서 우리는 결정적 지점에 도달한다. 제조업과 달리 플랫폼에서는 가격과 비용의 최대 차이가 경쟁력을 완전히 좌우하지 않는다. 이에 더해 데이터 수집과 분석이 경쟁력을 결정하고 우열에 영향을 미친다. 따라서 플랫폼 회사는 데이터 추출과 분석, 통제뿐 아니라 이를 가능하게 하는 고정자본에 투자를 강화해야 하는 것이다. 그렇지 않으면 경쟁력을 유지하기 힘들기 때문이다. 플랫폼 회사는 유전적 충동으로 독점을 지향하지만, 그렇다고 경쟁 환경이 완전히 사라진 것은 아니다. 거대한 플랫폼 사이에는 점점 더 치열한 경쟁 환경이 펼쳐진다.

경향

플랫폼은 데이터 추출과 네트워크 효과의 창출에 기초한다. 거대 플랫폼 사이에는 이를 둘러싼 치열한 경쟁이 펼쳐지며, 최종적으로 몇 가지 경향이 나타난다. 추출의 확대, 경계관리gatekeeper의 지배, 시장의 수렴, 생태계 폐쇄가 그것이다. 게다가 이런 경향은 우리의 경제 체계에 점점 더 확고히 자리 잡고 있다.

일차적 수준에서 플랫폼의 확장은 이용자를 네트워크에 끌어들이는 교차보조 전략에 의존한다. 어떤 서비스가 소비자나 공급자를 끌어온다고 여겨지면, 플랫폼은 그렇게 할 수 있는 도구를 개발하려고 한다. 그러나 확장에는 이용자 확보라는 동기 말고도 다른 요인이 작용한다. 그중 하나가 더 많은 데이터를 추출하려는 동기이다. 이런 원료의 수집과 분석이 플랫폼 회사의 가장 중요한 수익원이고 경쟁력 또한 부여하기 때문이다. 바로 여기서 더 많은 데이터를 모으라는 명령이 생기는 것이다. 어떤 보고서가 지적하듯이, 이런 동기는 식민주의자의 사업에 비견된다. '데이터 생산이라는 관점에서〔이용자〕활동은 발견되기를 기다리는 토지와 같다. 가장 먼저 도착한 사람이 자원을 가져간다. 이번에는 데이터가 그것이다.'[8] 대다수 플랫폼에서 데이터는 질보다 양과 다양성이 중요하다.[9] 이용자가 수행하는 모든 행위는 아무리 사소해도 알고리즘 개선에 사용되고 과정의 최적화에 기여한다. 게다가 많은 기업이 오픈소스로 필요한 소프트웨어를 개발하고, 대신에 그들이 가진 데이터로 지배적 위치를 유지하는 일이 가능하다. 이런 점에서 데이터는 더욱더 중요하다.[10] 따라서 어쩌면 당연하게도 이런 회사가 정보획득 능력의 확장에 관심을 가지고 그에 필요한 자산에 자금을 넣거나 자체 개발에 열을 내고 있는 것이다. 예를 들어 2008년부터 2013년 사이에 빅데이터 관련 합병이 두 배로 올라갔다.[11] 이런 흐름에는 플랫폼 회사의 거대한 현금 과잉과 조세도피의 잦은 활용이 도움을 주었다. 막대한 잉여자금이 잠들어 있었고 그 덕분에 데이터 추출의 인프라구조가 구축되고 확장될 수 있었다.

바로 이런 맥락에서 우리는 소비자 사물인터넷IoT에 이뤄진 대규모 투자를 바라봐야 한다. 그렇지 않으면 가정과 소비재에 왜 센서가 달리고 있는지 이해하기 힘들다.[12] 예를 들어 구글은 가정용 난방시스템 회사인 네스트에 투자했다. 이는 데이터 확장이라는 점에서 매우 타당한 접근이다. 아마존 역시 비슷한 맥락에서 새로운 장친 에코를 도입했다. 에코는 가정에 설치된 스피커로 언제나 인터넷에 연결된다. 에코는 음성도 인식하지만 주변의 각종 활동도 동시에 기록한다. 소비자 선호를 파악하려는 기업에는 이런 장치가 얼마나 유용한지 어렵지 않게 짐작할 수 있다. 스마트TV의 등장은 말할 것도 없고, 스마트폰 안에도 비슷한 장치가 이미 들어 있다. 애플에는 시리가 있으며 안드로이드폰에는 구글 나우가 있다.[13] 웨어러블 기술은 소비자 IoT의 또 다른 주요 요소이다. 예를 들어 나이키는 웨어러블 기술과 피트니스 기술을 결합해 이용자를 플랫폼에 끌어들이고 그 데이터를 추출한다. 이 모든 장치가 약간의 소비자 효용을 주기도 하지만, 소비자는 아무리 요구해도 그 장을 주도하지 못한다. 대신에 소비자 IoT는 데이터 기록을 일상으로 확장하려는 플랫폼 주도의 전략으로 이해되어야 한다. 소비자 IoT와 더불어 우리의 모든 행위는 기록되기 시작한다. 우리가 어떻게 운전하는지, 얼마나 많이 걷는지, 얼마나 활동적인지, 무엇을 말하는지, 어디로 가는지 따위가 일일이 기록된다. 이는 플랫폼 내부의 타고난 경향이 표출된 것이다. 따라서 페이스북이 최근에 오큘러스 리프트의 가상현실 장치를 인수한 사실은 전혀 놀라운 일이 아니다. 그 장치는 이용자의 모든 정보를 수집하고 그중 일부는 광고 판매에 사용되기도 한다.[14]

정보 플랫폼은 센서의 확장을 요구한다. 이는 린 플랫폼이라는 경향에 반대하는 경향이다. 정보 플랫폼 회사는 자산 없는 플랫폼이 아니라 그 반대로 나아간다. 이런 회사는 고정자본에 투자하고 다른 회사를 인수하는 데 수십억 달러를 쓰고 있다. 특히 '이런〔경향 - 저자〕을 고려하면, 감시 자본가에게 사생활 보호를 요구하거나 인터넷의 상업적 감시를 없애자고 로비를 하는 것은, 헨리 포드에게 모델T를 손으로 만들라고 요구하는 일과 같다.'[15] 사생활 보호만 요구하다 보면, 사생활 침해가 이런 사업모델의 핵심에 어떻게 자리하고 있는지 놓치게 된다. 〔데이터 확보라는〕 이런 경향이 있는 한, 플랫폼 회사는 데이터 수집을 놓고 사회적·법적인 한계가 어디에 있는지 끊임없이 시험할 것이다. 많은 경우 그 전략은 무단으로 데이터를 수집하고, 소동이 일어나면 사과한 뒤 프로그램을 되돌리는 방식이다.[16] 결국에 이런 회사는 데이터 수집을 둘러싸고 앞으로도 소동을 멈추지 않을 것이다.

데이터 수집이 플랫폼의 가장 중요한 과제라면, 분석은 그와 연관된 필수적 상관물이다. 데이터 생성 장치가 급증하면서 데이터 저장 지점이 폭발적으로 늘어나고, 이에 따라 점점 더 크고 정교한 분석도구와 저장소가 요구되며, 결국에는 플랫폼의 독점화가 점점 더 강해진다.[17] 달리 말해 이런 회사의 경쟁력이 데이터 수집 능력의 확장에 달려 있다면, 그에 못지않게 분석도구의 개발 역시 중요한 것이다. 따라서 하드웨어, 데이터베이스 구조, 네트워크 인프라구조의 개발이 속도와 통찰력 면에서 경쟁자를 압도하는 데 크게 기여한다. 예를 들어 구글의 초기 성공은 주로 내부 소프트웨어를 개발하고 혁신적인 하드웨어 구조를 설계하는 선구적 작업에서 나왔다.[18] 특이하게도 구글은 외부 시장에서 표준화된 서버를 구매하지 않는다. 그 대신 자체 서버를 구축하고 설계하는데, 이 역시 경쟁우위를 확보하려는 전략이다.[19] 구글은 대체로 운영 정보를 공개하지만(그러면 수많은 회사가 따라 한다), 확고한 우위를 얻은 다음에만 그렇게 한다.[20] 분석 방법의 가치는 왜 구글이 인공지능 연구에 많은 자금을 넣고 있는지 이해하게 해준다. 인공지능은 다른 플랫폼을 물리치고 경쟁우위를 창출하는 데 핵심 분야로 여겨진다. 구글은 이 분야에서 가장 큰 투자자로 꼽히지만, 그 밖에도 아마존, 세일포스, 페이스북, 마이크로소프트 역시 인공지능 개발에 많은 자본을 투자하고 있다. 게다가 이런 회사는 데이터 층위stack 가운데 일부(예를 들어 데이터 관리, 분석도구)가 아니라 전부를 개발해야 한다.[21] 센서에서 상품까지 데이터 흐름에 병목이 생기면, 더 많은 가치 생산에 장애가 일어난다. 따라서 하드웨어에서 소프트웨어까지, 데이터 층위의 모든 요소를 확보하려는 확고한 경향이 나타난다.

이는 두 번째 경향과 이어진다. 플랫폼은 핵심사업 주변으로 생태계를 확장하고 그 내부에 핵심 지위를 차지하려고 한다. 이런 전략은 전통적 방식의 합병이 아니다. 즉 수평적 통합(직접적으로 경쟁하는 다른 회사를 합병하는 것)도 아니고 수직적 통합(단일한 가치사슬 내부로 회사를 합병하는 것)도 아니며, 다각적 통합(유사품이나 보완재의 공급자를 합병하는 것)도 아니다.[22] 생태계 전략은 전형적인 포드주의 기업의 수직적 통합도 아니고 포스트포드주의 시대의 린 사업방식도 아니다. 오히려 리좀적 연결과 비슷한 형태로, 그 이면에는 핵심 플랫폼 지위를 유지하려는 지속적 노력이 존재한다. 첫 번째 사례를 들어보자. 인터넷 접속이 데스크톱에서 스마트폰으로 이동하자 운영체제는 통제의 중심적 요소가 되었다. 이에 발맞춰 기업은 스마트폰 시장에 서둘러 진출하기 시작했다. 애플의 뒤를 이어 구글이 들어왔고 아마존과 페이스북이 그 뒤를 따랐다. 구글은 모바일 운영체제를 선점하는 과정에서 교차보조라는 전형적 플랫폼 전술을 구사했다. 구글은 안드로이드를 공짜로 풀어 하드웨어 업체를 끌어들였다. 이런 조치는 애플의 폐쇄 체계를 깨는 데 효과를 보였다. 오늘날 안드로이드는 80% 이상의 시장을 차지하고 모든 장치의 운영체제 가운데 가장 널리 쓰인다.[23] 또 다른 사례로 인터페이스 수준에서도 비슷한 경합 – 사업 영역의 잇따른 확장 – 이 일어난다. 인터페이스는 이용자가 플랫폼과 교류하는 일차적 수단이며, 더 넓은 생태계를 매개하는 가장 중요한 관문이다. 지난 십년 동안, 구글의 검색엔진은 다른 경쟁자를 물리치고 인터넷 세계로 들어가는 가장 중요한 인터페이스가 되었다. 경쟁 플랫폼은 새로운 인터페이스로 사업을 확장해, 구글의 검색엔진 통제에서 벗어나려고 했다. 그 일환으로 이런 회사는 (공개된 웹이 아니라) 앱 내부에 검색엔진을 심었고, 이런 방식은 점점 더 널리 확산되었다. 구글의 사이트 대신에 이용자는 아마존이나 페이스북 안에서 곧바로 검색에 들어간다. 사람들이 앱을 깔고 아마존에서 검색을 시작하면, 구글의 사업모델은 그 뿌리부터 흔들릴 것이다.

모든 주요 플랫폼 회사는 자연언어 인터페이스 시장에서도 점점 더 지위를 굳히고 있다. 2016년 페이스북은 '챗봇'의 야심 찬 도입에 착수했다. 챗봇은 페이스북 플랫폼에서 이용자와 대화를 나누는 낮은 단계의 인공지능 프로그램이다(바로 이런 이유로 페이스북은 다른 회사와 마찬가지로 인공지능 및 자연어 처리에 막대한 자금을 넣고 있다). 어떤 전망에 따르면 이런 챗봇이 이용자가 인터넷과 교류하는 가장 선호하는 수단이 될 것이다. 이런 공개된 플랫폼 위에서, 다른 회사는 자신만의 봇을 개발할 수단을 얻는다. 예를 들어 그들은 음식을 주문하고 열차표를 구매하며 식사를 예약하는 직관적인 수단을 창출한다.[24] 그 결과 이용자는 더 이상 각각의 사이트나 앱을 이용하지 않는다. 단지 페이스북 플랫폼에 접속하면 모든 일이 해결된다. 이렇게 된다면 페이스북의 챗봇 프로그램은 온라인 상거래의 인터페이스 가운데 가장 중요한 지점이 될 것이다. 구글의 검색엔진이나 아마존의 물류망과 경쟁하는 대신, 페이스북은 인터페이스를 통제해 전자상거래 플랫폼을 지배하려고 하는 것이다.

이런 전략이 효과가 있을지 없을지는 논쟁의 여지가 있지만, 이른바 핵심 위치를 차지하려고 이런 회사가 기민하게 팽창한다는 점에서 그 원칙은 분명하다. 애플, 구글, 페이스북은 지불 플랫폼이 되려고 하는데, 여기서도 동일한 원칙이 발견된다. 이들은 경제 거래의 기초를 구축해, 데이터를 수집할 뿐 아니라 모든 거래마다 약간의 요금을 받으려고 한다. 지도 제작을 둘러싼 경쟁에서도 이런 원칙이 확인된다. 우버는 지도 공급자를 사들이고, 구글은 구글맵을 구축해 도로 안내에 사용한다. 애플은 2012년 자체적인 위치 서비스를 시작하고, 우버 역시 조만간 지도 공급자를 세울 것이다. 여기서 목표는 데이터 층위의 특정 지점을 점유하는 데 있다. 어떤 층위는 더 기초에 자리하고 그래서 더 중요하다. 그러나 독점력이 강하고 진입장벽이 높아서 그만큼 얻기도 힘들다. 게다가 낮은 층위에 있으면 더 많은 힘을 가질 것 같지만, 반드시 그렇지도 않다. 어쩌면 놀랄 수도 있지만, 네트워크 공급자(정보통신 분야의 기반시설을 제공하는 회사)는 플랫폼 생태계 안에서 주변에 위치하고 수익성도 취약하다. 이런 위치 탓에 네트워크 공급자는 수익성을 만회하는 수단으로, 데이터 이용량에 차별적 가격을 매기려고 하는 것이다(이른바 '망중립성'의 종말을 시도한다).[25] 따라서 위치의 전략적 가치는 단순히 낮은 층위가 아니라, 기업 및 고객의 데이터 통제와 밀접히 관련된다.

이런 처음 두 가지 확대 경향[26]이 작용해 플랫폼 독점에서는 고유한 팽창 방식이 나타난다. 전통적인 사업 모델은 수직적, 수평적, 다각적 통합에 의존하지만,[27] 플랫폼에서는 데이터 확보의 필요 때문에 확장이 이뤄진다. 이는 수렴 테제라고 불리는 또 다른 경향과 이어진다. 수렴이란 서로 다른 플랫폼 기업이 동일한 시장, 동일한 데이터 영역으로 진출해, 결과적으로 점점 더 비슷하게 바뀌는 현상이다. 오늘날 플랫폼 모델은 매우 다양하다. 각각의 모델은 우발적 경제 조건에서 비롯하며, 이질적 영역의 강점에 기초해 전략적으로 탄생했다.[28] 여기서 중요한 질문이 제기된다. 이런 모델이 발전하면 앞으로는 어떻게 될 것인가? 하나의 초월적 플랫폼ur-platfrom 모델로 수렴할 것인가, 아니면 각각의 경쟁력을 유지한 채 점점 더 분화할 것인가? 데이터 추출의 확대, 전략적 위치의 점유가 중요하기 때문에, 같은 영역에 수많은 회사가 경향적으로 몰려들 것이다. 게다가 페이스북, 구글, 마이크로소프트, 아마존, 알리바바, 우버, GE 같은 회사는 서로 간의 차이에도 직접적인 경쟁자로 변한다. 예를 들어 IBM은 클라우드 컴퓨터 회사인 소프트레이어를 인수하고 소프트웨어 개발 회사인 블루믹스를 사들여 플랫폼 기업으로 변신했다. 수렴 테제는 왜 구글이 우버와 손잡고 자율주행 자동차의 로비에 나서는지, 왜 아마존과 마이크로소프트가 자율주행 자동차의 클라우드 플랫폼 사업에 독일 자동차 회사와 협력을 논하고 있는지 납득하게 해준다.[29] 마찬가지로 알리바바와 애플은 디디추싱의 주요 투자자로 나서는데, 아이폰이 택시 서비스의 주요 인터페이스라는 점을 고려하면 애플의 협력 관계는 지극히 전략적이다. 같은 맥락에서 거의 모든 주요 플랫폼이 의료 데이터 플랫폼의 개발에 들어간다. 수렴 경향은 국제 수준에서도 경쟁을 촉발한다. 특히 인도와 중국에서는 치열한 경쟁이 펼쳐진다. 누가 공유자동차 산업을 지배할 것인가(우버, 디디추싱, 리프트), 누가 전자상거래 산업을 장악할 것인가(아마존, 알리바바, 플립카트)? 알리바바는 이미 매출액 기준으로 세계에서 가장 큰 전자상거래 업체이며,[30] 플립카트는 시장 가치로 따지면 약 150억 달러에 이른다. 경쟁 압력과 그에 따른 확장이라는 명령 아래, 이런 플랫폼은 필요하다고 생각하면 어떤 회사건 인수한다. 선두에 있는 플랫폼의 막대한 자금을 고려하면, 야후나 트위터 같이 약간 뒤쳐진 회사도 매수 대상이 될 수 있다(이 글을 쓰는 동안, 마이크로소프트는 구직정보 회사인 링크드인을 260억 달러에 사들였다. 그 결과 수많은 노동자의 변화하는 관심사, 숙련, 직업 정보에 접근하게 되었다). 2015년 전 지구의 인수합병은 위기 이전보다 40% 이상 늘어났고, 선도적인 플랫폼은 경쟁자를 물리치려고 전방위에 걸쳐 자원을 확보했다. 결국에 영역을 가로질러 경쟁이 벌어지고, 최종적으로 수렴 현상이 일어났다. 스마트폰, 전자책 리더, 소비자 IoT, 클라우드 플랫폼, 영상 채팅 서비스, 결제 서비스, 무인자동차, 드론, 가상현실, 사회관계망, 인터페이스, 네트워크 공급, 검색 등이 대표적이다. 아마도 미래에는 더 많은 영역이 포함될 것이다.

네 번째 지배적 경향은 데이터 추출을 플랫폼 그물siloed platform 안에 가두는 방식이다.[31] 이런저런 수단을 사용해도 경쟁 우위가 충분하지 않을 때, 플랫폼은 이와 같은 접근으로 이용자와 데이터를 잡아두려고 한다. 가두리 플랫폼은 다양한 수단을 활용한다. 이를테면 서비스 의존도를 강화하거나, 다른 서비스의 사용을 막거나 데이터 이전을 어렵게 만든다. 아마도 애플은 이런 경향의 가장 선두에 자리할 것이다. 애플은 제품과 서비스 사이에 의존도를 매우 높이고 대체재를 거의 차단한다(반半개방인 앱스토어는 눈에 띄는 예외이다). 페이스북은 이런 경향의 또 다른 분명한 사례이다. 구글이 검색 기술로 공개 웹을 지배하는 동안, 페이스북은 구글의 통제를 벗어나 폐쇄된 플랫폼을 구축하려고 했다. 그 목표는 이용자가 폐쇄된 생태계를 떠나지 않도록 하는 데 있다. 따라서 뉴스 스토리, 비디오, 음악, 메시지, 이메일, 심지어 쇼핑까지 점점 더 많은 서비스가 플랫폼 안으로 들어왔다. 이런 시도 끝에 페이스북은 크게 성공할 수 있었다. 이 회사는 인도나 다른 국가에 〔무상으로〕 인터넷을 공급하기도 한다. 프리베이직스라는 프로그램이 그것이다. 그러나 이 역시 폐쇄를 강화하는 결과로 이어진다. 페이스북은 자체 서비스를 공짜로 제공하지만, 다른 회사는 페이스북과 제휴를 맺어 다른 플랫폼에 서비스를 제공하지 못한다. 결과적으로 전체 인터넷이 마크 저크버거의 그물 안에 갇혀 버린다.[32] 인도에서는 밀려났지만 프리베이직스는 현재 37개국에서 운영 중이고 2,500만 명 이상이 사용하고 있다.[33] 우버 역시 승객을 가두는 방식으로 시스템을 효과적으로 구축한다. 더 많은 서비스가 우버에 들어가면, 우버가 아닌 택시의 수요는 점점 더 줄어들고 결과적으로 우버가 아닌 운전자의 공급이 줄어들 것이다. 더 많은 승객이 우버 플랫폼에 접속하면, 우버가 아닌 택시의 운전자는 점점 더 밀려나고 생존을 위해서는 우버 플랫폼에 점점 더 가입할 것이다. 승객의 경우도 마찬가지이다. 우버가 아닌 택시가 거리에서 점점 더 사라지면, 자신이 원하지 않아도 우버 플랫폼으로 택시를 호출해야 한다. 산업 플랫폼 영역에서도 폐쇄된 공간이 잇따라 출현할 것이다. 예를 들어 지멘스와 GE 사이에는 협력할 (의사도) 여지도 없는 것이다. 반면에 다른 제조업체는 어느 쪽이건 자신이 선택한 생태계에 갇혀 버린다. 이는 자본 간 경쟁이라는 점에서 특히 중요하다. 비非 플랫폼 회사는 플랫폼이 없으면 사업을 유지하지 못하기 때문이다. 이로부터 두 집단 사이에는 갈등이 점점 더 격해진다. 비 플랫폼 회사는 가격을 낮추라고 압력을 가하고, 플랫폼 회사는 점점 더 가격을 올리고 독점을 강화해 반격을 가할 것이다. 아마존 역시 구글과 분리된 폐쇄 플랫폼 전략을 구사한다. 이제 이용자는 검색엔진을 사용해 쇼핑 목록을 찾지 않는다. 대신에 아마존의 플랫폼 안에서 상품의 검색부터 비교, 주문, 추적, 평가까지 한꺼번에 해결한다.

또한 우리가 보기에 플랫폼 모델은 공개 웹에서 폐쇄된 앱으로 점진적으로 이동하고 있다. 스마트폰의 확산으로 더 많은 이용자가 웹사이트 방문보다 앱으로 인터넷에 접속하며, 기업은 데이터 수집을 확장하는 동시에 폐쇄하는 수단으로 앱을 채택한다. 더 많은 이용자가 앱을 사용하면, 거기서 더 많은 데이터가 추출되고 결과적으로 다른 플랫폼은 손해를 보게 될 것이다. 이런〔폐쇄〕경향은 경쟁자에 대한 의존을 줄이려는 시도이기도 하다. 드롭박스는 아마존웹서비스와 거리를 두려고 엄청난 자금을 쏟아붓고 우버는 구글 맵의 지배를 벗어나려고 시도한다. 데이터 층위의 더 낮은 곳으로 내려가면, 심지어 플랫폼은 자체적인 네트워크 시설을 구축하려고 한다. 예를 들어 구글은 사유화된 인터넷에 투자한다. 구글은 자체 브라우저, 운영체제, 광섬유망, 데이터 센터를 갖추고 그곳의 정보를 공적인 인프라구조와 공유하지 않는다.[34] 마찬가지로 아마존의 클라우드 네트워크도 사유화된 인터넷의 일종이며, 마이크로소프트와 페이스북도 대서양을 횡단하는 광섬유 사업에 공조한다.[35] 논리적으로 따지면, 이런 경향은 전문화된 플랫폼이라는 결론에 이를 수 있다. 전문화된 플랫폼은 범용 컴퓨팅 개념을 포기하고 특정 서비스의 최적화에 초점을 맞춘다. 이런 회사는 특정한 서비스를 제공하고 그 대신 임대 수익을 올린다.[36] 이제까지의 논의를 요약하면 주요 플랫폼 회사는 네트워크 효과 덕분에 거대한 크기로 성장하지만, 이런 경향은 시장의 압력이 작용함에 따라 서로 형태가 닮아가는 수렴 경향으로 이어진다. 마찬가지로 경쟁자를 물리치는 핵심 수단으로 폐쇄 전략이 출현한다. 이런 분석이 옳다면, 자본주의 경쟁은 인터넷을 분절된 공간으로 몰아갈 것이다. 그러나 이는 필연적 결론이 아니다. 자본주의 생산양식 안에는 이런 결과로 나아가는 강력한 경쟁 압력도 있지만, 정치적 활동으로 그 결과는 뒤집히거나 적어도 멈춰질 수 있다.

과제

자본주의가 극복되고 새로운 생산양식이 도래한다는 말

이 들려온다. 1960년대의 탈산업화 테제에서도, 1990년대 '신경제' 신봉자들의 관념에서도, 오늘날 공유경제의 보수적이고 진보적인 찬양에서도 똑같은 수사법이 발견된다. 그러나 우리는 여전히 경쟁과 이윤의 체제에 결박되어 있다. 플랫폼은 경쟁과 통제의 새로운 양식을 창출하지만, 성공의 주재자는 결국 수익성에 놓여 있다. 이런 한계를 생각하면 이제 우리는 더 넓은 경제라는 맥락에서 플랫폼을 살펴봐야 한다. 가장 먼저 장기침체라는 상황과 전 지구적 제조업의 과잉생산 문제로 돌아가자. 미국의 제조업 분야를 살펴보면, 회복의 기미는 좀처럼 보이지 않는다. 생산의 측면에서 제조업은 1999년과 2008년 사이에 매년 2.1% 성장했지만, 그 뒤에는 1.3%로 성장률이 떨어졌다.[37] 노동생산성 면에서도 제조업은 비슷한 추세를 보인다. 1999년과 2008년 사이에 연간 4.9%로 건실하게 성장했지만, 위기 뒤에는 연간 1.9%로 성장률이 내려갔다.[38] 이런 결과는 어느 정도 예견된 일이다. 미국 경제가 비제조 부문의 성장에 계속 의존했기 때문이다. 그러나 전 지구로 시야를 넓혀도 희망은 거의 보이지 않는다. 특히 중국에서는 제조업의 거대한 과잉설비가 일어났다. 일례로 중국은 세계 철강의 주요 산지로 2015년 세계 생산량의 절반 이상을 차지했다.[39] 현재 국내에서는 약 7억 톤, 수출에는 약 1억 톤이 소요된다. 그런데 생산설비를 꾸준히 줄여도, 2020년까지는 11억 톤의 조강능력이 유지될 것으로 예상된다.[40] 결국에 과잉설비와 과잉생산 문제는 피할 수 없으며, 이미 전 세계 시장에 중국산 철강이 덤핑으로 팔려나간다. 그 여파로 다른 나라에서도 철강 가격이 폭락하고, 영국의 타타스틸 같은 회사는 거의 파산 지경에 들어갔다. 중국에서는 다른 분야도 사정이 좋지 않다. 석탄은 조만간 33억 톤의 과잉설비를 갖출 것으로 여겨진다. 전 지구적 공급 과잉에도 알루미늄 산업은 팽창을 멈추지 않는다. 정유 산업에서는 2억 톤의 과잉설비가 예상되고, 대부분의 화학 회사는 이미 재고가 남아돌지만 설비를 계속해서 늘린다.[41] 이런 맥락에서 제조업체는 산업인터넷의 구축으로 반전을 꾀하려고 한다. 특히 미국과 독일에서는 산업인터넷이 결정적 기회로 여겨진다. 독일에서는 산업인터넷이 고부가 제조업의 지배를 유지하는 수단이며, 미국에서는 전후의 지배적 위치를 회복하는 수단이다. 의심할 바 없이 일부 회사는 산업인터넷의 도입으로 성공을 거두고, 한동안 다른 경쟁자를 물리치고 더 많은 잉여 이익을 가져갈 것이다. 그러나 정작 중요한 문제는 산업인터넷이 전 지구적 제조업의 이윤 하락이나 과잉설비 문제를 장기적으로 해결하느냐 아니냐에 달려 있다. 불행히도 이런 가능성은 희박해 보인다. 그 이유는 산업인터넷이 제조업을 근본적으로 바꾸는 대신에, 단순한 비용 절감이나 낭비시간 단축에 사용되기 때문이다. 생산성 향상이나 새로운 시장의 개척보다는 산업인터넷의 도입으로 가격이 더 낮아지고 점유률 싸움이 벌어질 것으로 여겨진다. 이는 전 지구적 성장에 하등의 도움이 되지 않는다. 게다가 플랫폼 소유자는 창출된 이익 가운데 대다수를 흡수하고 직접적 제조사는 약간의 수익만 가져갈 것이다. 더군다나 긴축정책이 유행하면서, 전 지구에 걸쳐 총수요가 줄어들고 생산성이 내려가는 꾸준한 경향이 나타난다. 1999년에서 2006년 사이에 노동생산성은 연간 2.6%가량 성장했지만, 위기 뒤에는 2.0% 수준으로 떨어진 것이다.[42] 총요소생산성도 낮아져, 지난 몇 년간 거의 답보 상태에 머물렀다. 이런 추세는 거의 모든 주요국 경제에서 공통으로 확인된다.[43]

이런 맥락에서 – 더욱이 장단기 금리가 (마이너스 수준까지) 내려간 상황에서 – 잉여자본은 조금만 수익이 생겨도 그곳이 어떤 곳이건 투자를 아끼지 않는다. 앞에서 봤듯이 이런 현상은 전혀 놀라운 일이 아니다. 1990년대 호황과 마찬가지로 오늘날 스타트업 호황은 이런 힘들이 추동한 것이다. 달리 말해 이런 호황은 자산-가격 케인스주의라는 기본 교리를 포기한 것이 아니라 연장한 결과이다. 그러나 몇 가지 다른 한계 때문에, 린 플랫폼은 역동성의 지속 가능한 원천이 되지 못한다. 아마도 외주화는 그중에서도 가장 중요한 한계로 보인다. 일단 이런 모델에서는 마진율이 너무 낮다. 간헐적 과업(장보기, 집 청소 등)에 기초하므로 서비스는 생존에 필요한 정기적 수익을 남기지 못하고 부진에 빠진다. 사람들이 언제나 이동하려고 하기 때문에, 이런 점에서 우버는 예외적 사례로 여겨져야 한다. 다음으로, 앞서 언급한 증거에 따르면 린 플랫폼에서는 고숙련 일자리가 사실상 사라진다. 이런 직업에는 훈련(따라서 고용)이 필요하기 때문이다. 게다가 고숙련 노동자는 (플랫폼의 착취관계에 머물기보다) 자신만의 사업을 벌이기 때문이다. 예를 들어 독립적인 가사 도우미는 플랫폼이 제공하는 대가보다 훨씬 많은 소득을 올린다. 이는 홈조이가 무너진 결정적 이유 가운데 하나이다.[44] 게다가 아마추어 개인을 사용하는 외주화는 대규모 전문 서비스가 제공하는 효율성도 누리지 못한다.[45] 예를 들어 우버는 택시를 대량으로 사지 않는다. (규모의 경제를 포기하는) 대신에 개인 운전자가 차량을 갖추어야 한다. 에어비앤비는 한 명의 전문

청소부를 고용하지 않는다. 대신에 전체 일감을 쪼개 같은 부분만 처리하는 여러 명의 인력을 사용한다. 이로 인해 전체 비용이 올라가고, 결국에 온라인 서비스는 전통적인 경쟁자보다 가격도 비싸고 생산성도 떨어지는 위험에 처한다. 어떤 서비스는 전 지구적 노동력에 의존하기도 한다(예를 들어 사소한 온라인 업무, 데이터 입력, 콘텐츠 정리, 마이크로프로그래밍[46]). 이런 서비스는 저개발 국가의 저렴한 노동자를 착취한다는 단순한 이유로, 겨우 명맥을 유지할 것이다. 그러나 많은 경우 극단적 외주화는 그 자체로 한계에 봉착한다. 그 증거로 이미 많은 노동자가 반발하고 있으며(예를 들어 우버 파업, 우버노동조합), 플랫폼의 운영비는 결국에 올라갈 것이다. 우버 운전자의 집단소송에 따르면, 노동자 지위가 인정되면 우버는 8억 5,200만 달러를 보상해야 한다(우버는 4억 2,900만 달러만 주려고 한다).[47] 이런 저항으로 노동자의 기본권이 회복하면, 우버는 사업을 지속할 수 있을지 심각한 고민에 빠질 것이다.

    이런저런 이점에도 불구하고 이런 회사는 대부분 수익성이 바닥이다. 이미 많은 회사가 비용과 인건비를 삭감하고 허리띠를 졸라매고 있다. 언젠가는 잠재적으로 수익을 낸다는 그럴싸한 신호가 필요하기 때문이다. 그런데도 '이익보다 성장'이라는 모델이 여전히 주도하는 실정이다. 심각한 손실을 입어도 단지 전략상의 일부로 여겨질 뿐이다. 가정용 청소 플랫폼인 홈조이는 경쟁자를 물리치려고 원가 아래로 가격을 내렸고, 결국에는 파산에 들어갔다.[48] 여기서 우버는 아마도 최악의 사례일 것이다. 중국의 라이벌[49]과 싸우는 과정에서 우버는 연간 10억 달러의 손실을 입었다.[50] 경쟁자 **역시** 수익성이 없는데, 손해를 거듭하는 회사 사이에 거대한 경쟁이 벌어진 것이다. 여기서 자본주의를 살리는 선도적 빛이란 찾아보기 힘들다. 게다가 우버는 로비와 마케팅 비용으로 엄청난 자금을 지출한다. 그 목적은 유리한 환경 규제를 마련하고 자사의 이용자 계층을 늘리는 것이다. 심지어 우버는 경쟁자를 방해하려고 온갖 수단을 사용한다. 이런 전술은 기존의 택시 회사와 다른 공유자동차 플랫폼을 물리치는 데 널리 쓰인다. 예를 들어 우버는 경쟁사의 택시를 가짜로 호출하고 조금 있다가 취소해버린다. 이는 운전자의 공급을 막아버려 경쟁자를 차단하는 데 도움을 준다.[51] 데이터를 통한 경쟁이 효과가 없을 때, 자금력과 방해 전술은 린 플랫폼의 선택지로 여전히 유효하다.

이는 마지막 중요한 한계로 이어진다. 린 플랫폼은 잉여자본의 열광적 투자에 전적으로 의존한다. 오늘날 신생 기술회사에서 자금 유치는 금융의 중심 역할을 대체하는 것이 아니라 오히려 확증한다. 예전의 기술 호황과 마찬가지로 스타트업 투자의 배경에는 완화된 통화정책이 자리하고 고수익을 노리는 막대한 자본이 존재한다. 이들이 없었다면 최근의 스타트업 투자는 가능하지도 유지되지도 않았다. 이런 거품이 언제 터질지 예측하기는 어려운 일이다. 그러나 이 분야의 열광이 끝나고 있다는 신호가 이미 감지된다. 이를테면 기술 관련 주식이 2016년 엄청난 타격을 받았다.[52] 스타트업 부문에서는 직원들의 특권도 줄어들었다. 예컨대 공짜 음식과 식사가 사라졌다.[53] 더군다나 매우 놀랍게도 2015년 4분기 미국의 스타트업 투자가 60억 달러 수준으로 급격히 떨어졌다. 이처럼 벤처자본이 말라가자 기술회사는 더 빨리 수익을 내라는 압력에 시달린다. 수익이 낮은 서비스는 두 가지 선택에 직면할 것이다. 하나는 사업에서 철수하는 일이고, 다른 하나는 비용을 줄이고 가격을 올리는 방식이다. 앞으로 몇 년 안에 많은 서비스가 사라질 가능성이 높지만, 그밖에 일부 서비스는 고급 시장으로 옮겨갈 것이다. 고급 서비스는 가격을 높이는 대신에 주문형 편의를 제공할 것이다. 1990년대 기술 호황이 적어도 인터넷이라는 기반을 남겼다면, 2010년대 기술 호황은 부자가 누리는 프리미엄 서비스만 남기지 않을까 여겨진다.

대부분의 다른 플랫폼 유형은 웬만한 경제 위기가 닥쳐도 사업모델을 지켜낼 정도로 강력한 입지를 구축한 듯이 보인다. 그러나 광고 플랫폼은 광고 수익에 위태롭게 기대고 있는 실정이다(예를 들어 구글은 89.0%, 페이스북은 96.5%를 광고에 의존한다). 앞에서 봤듯이 플랫폼은 교차보조 전략으로 자신의 제국을 건설한다. 따라서 광고 수익이 생기지 않으면, 구글은 이런저런 무료 서비스를 제공하지도 첨단 기술에 자금을 넣지도 못한다(게다가 금융 분야는 광고 서비스의 가장 중요한 고객이다. 이는 [금융 위기를 고려할 때] 간과할 수 없는 문제이다).[54] 자본주의 가치증식 과정에서 광고는 상품의 가치를 실현하는 한 가지 수단이다. 광고는 기업 간 경쟁의 표현이지만, 그 자체로는 새로운 상품을 생산하지 않는다. 게다가 광고는 경제 위기의 안전지대가 아니다. 2007년에서 2012년 사이에 그리스의 광고 지출은 거의 절반으로 줄어들고 스페인에서는 3분의 1로 추락했다. 2012년 유럽에서는 전체 지출이 1.1%가량 떨어졌다.[55] 미국에서는 2012년까지도 2008년 수준으로 회복되지 않았다.[56] 더 넓게는 수많은 경제 연구가 보여주듯이, 광고는 전반적인 경제성장과 밀접히 관련된다.[57] 그러나 최근에는 경제가 성장해도 광고가 더디게 성장하고 앞으로는 더 느리게 성장할 것으로 전망된다. 그 이유는 간단하다. 전통적 광고보다 디지털 광고의 단가가 더 낮기 때문이다.[58] 같은 양의 광고를 한다면 그 어느 시점보다 지금이 저렴한 것이다. 더욱이 디지털 광고는 성장이 둔화될 것으로 여겨진다. 2009년과 2014년 사이에 디지털 광고는 연간 14.7% 성장했지만, 2014년과 2019년 사이에는 9.5%로 예상된다. 이는 구글과 페이스북(그리고 광고에 의존하는 다른 서비스)에 심각한 문제를 안겨줄 것이다.[59] 설상가상으로 애드블록, 가짜 광고 봇, 스팸이 퍼지면서 광고가 살아남을 수 있을지 아닐지 의문에 휩싸인다. 애드블록의 전 세계 사용량이 2014년 41%로 늘었고(금액으로 따지면 약 218억 달러의 광고 수익이 날아갔다), 2015년에 들어서는 96%나 성장했다.[60] 반면에 페이스북은 2014년 115억 달러의 광고 수익을 올렸다. 따라서 애드블록 문제는 업계의 사소한 문제가 아니다. 플랫폼 회사는 이런 기술적 흐름에 맞서고 있지만, 사회적 부를 광고 전쟁에 쓰는 일이 과연 최선인지 우리는 의문을 제기해야 한다. 다른 한편 새로운 소프트웨어는 데이터를〔제공하는 주체가 아니라〕사용하는 주체에게 권력을 집중하게 한다. 이런 점에서 전 세계 정부는 온라인 데이터 수집에 규제를 강화하기 시작한다.[61] 결과적으로 광고는 이런 회사의 수익원으로 매우 불안정한 요소가 될 것이다. 심지어 구글의 수석 경제학자, 할 바리안도 광고의 가치가 점점 더 떨어지고 구글 역시 유료시청 모델로 옮겨갈 것으로 전망한다.[62]

경제 위기, 애드블록, 규제가 얼마간 결합해 광고가 줄어들면, 이런 플랫폼은 어떻게 될 것인가? 한편으로는 폐쇄 경향이 더욱 강해질 공산이 있다. 애드블록은 공개된 웹에서 작동하지만 앱에서는 플랫폼이 모두를 통제한다. 그러나 공개된 웹이라는 인터페이스의 한계로 구글은 폐쇄 전략을 사용하기 어렵다. 그래서 다른 선택지에 눈을 돌려야 하는데, 바리안이 지적하듯이 직접 과금 형태로 변해갈 것이다(임대 및 구독 서비스, 수수료, 소액결제 등). 다른 영역에 필수 플랫폼을 제공하고 구글은 수수료 수익을 챙길 수 있을 것이다. 예컨대 모든 금융 거래마다 약간씩 돈을 받거나, 무인자동차 시스템을 빌려주고 자동차 회사에 특허료를 물리거나, 클라우드 서비스를 제공하고 임차 회사에 요금을 받는 식이다. 다른 한편으로, 사물인터넷이 보급되면 소액결제의 대규모 팽창도 가능할 것이다. 사물인터넷은 어떤 상품이건, 예컨대 자동차, 컴퓨터, 집, 냉장고, 화장실 따위를 서비스로 바꾸며 사용에 따라 요금을 매기게 한다.[63] 이미 많은 회사가 이런 선택지에 군침을 흘리고 있다. 이런 맥락에서 롤스로이스, 우버, GE 같은 회사는 광고 이후의 환경에서 플랫폼의 미래가 무엇인지 보여준다(오늘날 신문은 광고 위축과 씨름하고 있다. 심지어 《뉴욕타임스》는 수익성 문제로 식사 배달 사업에 진출하고 있다).[64] 이런 선택지에 따르면 임대료는 서비스 사용에서 발생하며, 플랫폼의 독점력을 고려할 때 대체 서비스는 허용되지 않는다. 임금 정체, 불평등 증가와 결합하면, 이런 식의 미래에는 디지털 격차가 엄청나게 커질 것이다. 마지막으로, 광고가 대대적으로 감소하면 이런 플랫폼에서는 장단기 벤처(드론, 가상현실, 무인자동차 등)에 들어가는 사치성 투자가 줄어들고, 그 대신 핵심 역량으로 사업이 재편될 것이다. 이런 벤처와 관련된 교차보조는 다른 거대한 플랫폼과 경쟁하는 과정에서 결국은 사라질 것이다. 말하자면 이윤 창출이라는 자본주의 명령 아래, 이런 플랫폼은 경제 전체의 몫에서 잉여를 가로채는 새로운 수단을 만들어 내거나, 교차보조를 널리 쓰는 기존의 독점 모델에서 훨씬 더 전통적인 사업모델로 방향을 바꾸어야 하는 것이다.

미래

그렇다면 미래는 어떻게 될 것인가? 이 책에서 묘사한 경향이 계속된다면, 우리는 하나의 특정한 미래를 그려볼 수 있다. 플랫폼은 경제 전체로 계속 확산되고 경쟁은 플랫폼 폐쇄를 더욱더 강화할 것이다. 광고 수익에 기대는 플랫폼은 직접 요금 사업으로 점점 더 변해갈 것이다. 마찬가지로 외주화와 벤처자본에 기대는 린 플랫폼 회사는 파산에 처하거나 제품 플랫폼으로 바뀔 것이다(예를 들어 우버는 무인자동차를 시험하고 있다). 결국에 플랫폼 자본주의는 내재적 경향에 따라 (클라우드 플랫폼, 인프라구조 플랫폼, 제품 플랫폼 형태로) 서비스를 제공하고, 그 대신 임대 수익을 추출하는 쪽으로 변화한다. 따라서 수익성 면에서 아마존은 구글, 페이스북, 우버보다 미래에 더욱 가깝다. 이런 시나리오에서 교차보조 전략은 종말을 고하며, 이에 기반한 공적 공간이라는 인터넷의 외양도 대부분 자취를 감출 것이다. 대신에 현존하는 소득과 부의 불평등이 접속의 불평등 형태로 반복될 것이다. 게다가 이런 플랫폼이 생산과정을 좌우하게 되면서, 다른 회사의 자본 가운데 거대한 부분을 흡수하게 될 것이다.

어떤 논자는 협력적 플랫폼cooperative platforms이 구축된다면 이런 독점적 경향에 맞설 수 있다고 주장한다.[65] 그러나 협력 조직의 모든 전통적 문제(예를 들어 자본주의적 사회관계 아래 자기착취의 필연성)는 플랫폼의 독점적 성격, 네트워크 효과의 지배, 플랫폼 배후의 막대한 자원에 의해 더욱 악화된다. 비록 오픈소스로 자신의 모든 소프트웨어를 만들고 있지만, 페이스북 같은 회사는 기존의 데이터, 네트워크 효과, 금융 자원을 활용해 협력적 방식의 모든 경쟁자를 여전히 압도해 버린다.

반면에 국가는 플랫폼을 통제하는 힘을 가진다. 독점금지 소송은 독점 기업을 해체하며, 국소적 규제는 착취적인 린 플랫폼을 저지하거나 금지하기도 한다. 국가 기관은 사생활 보호의 새로운 규정을 부과하거나, 〔국가 간〕 공동조치는 조세도피를 방지하고 자본의 사적 유출을 억제하기도 한다. 이런 정책은 아마도 전적으로 필요한 것이다. 그러나 어딘가 상상력이 부족하고 최소한의 조치란 사실도 인정해야 한다. 게다가 이런 접근은 플랫폼이 출현하는 구조적 조건을 여전히 간과한다. 제조업이 장기침체라는 터널로 접어들자, 플랫폼은 비교적 역동적인 부문으로 자본을 흡수하는 한 가지 방식으로 출현했다. 데이터 채굴로 향하는 새로운 분야로 말이다.

그러나 기업 플랫폼의 규제만이 아니라 공공 플랫폼

의 개발도 가능하다. 이는 모든 사람이 소유하고 통제하는 플랫폼 형태이다(물론 국가의 감시장치와 독립적으로 구축되어야 한다). 우리는 국가의 거대한 자원을 사용해 공공 플랫폼의 기술 개발에 투자하고 이를 공적 시설로 제공해야 한다. 더 근본적으로, 우리는 탈자본주의 postcapitalist 플랫폼을 요구할 수 있다. 이런 플랫폼은 데이터를 수집해 민주적 참여를 보장하고 자원을 공정하게 분배하며 기술을 촉진하는 데 사용한다. 오늘날 시급한 문제는 아마도 플랫폼의 집산화에 있을지도 모른다.

그러나 우리의 조건을 변형하려는 모든 노력에는 플랫폼의 현재가 고려되어야 한다. 현실에 적합한 전술과 전략은 현재의 국면을 적절히 이해할 때 비로소 가능하다. 앞에서 말했지만 플랫폼 모델은 장기침체라는 기저 상태를 극복하지 못한다. 오히려 플랫폼 회사는 거대한 부를 쌓아올려 독점력을 손에 넣고 점점 더 강화할 것이다.

플랫폼은 우리의 디지털 인프라구조에 점점 더 손을 뻗고 사회는 플랫폼에 점점 더 의존하게 될 것이다. 따라서 우리는 플랫폼이 어떻게 작동하는지, 무엇을 할 수 있는지 철저히 인식해야 한다. 더 나은 미래를 건설하고 싶다면 이런 이해가 필수적이다.

옮긴이 후기[1]

우리가 직면하고 있는 선택은 심각한 것이다.
지구화된 탈자본주의냐, 아니면 야만주의,
영속적인 위기, 그리고 지구 생태계의 붕괴를 향한
느린 파편화냐.

― 알렉스 윌리엄스, 닉 서르닉,
〈가속주의 정치를 위한 선언〉

오늘날 탈자본주의는, 더 나은 표현으로 다른
낱말을 사용하면 코뮤니즘은 SF소설의 지위를 갖고
있을 뿐이다. 그것은 신자유주의적 현재에 여전히
떠돌고 있는 숨은 잠재태이다. 지금까지 우리의
지배자는 이 잠재태를 완전히 퇴치하지 못했지만,
여태까지 우리도 그것에 어떤 실체성이나 지속성을
부여할 수 없었다.

― 스티븐 샤비로,
〈가속주의 없는 가속주의〉

이 책은 닉 서르닉의 《플랫폼 자본주의Platform Capitalism》 (Polity, 2016)를 한국어로 옮긴 글이다. 저자는 영국에서 활동하는 북미 출신의 학자로 현재 런던 킹스칼리지에서 정치경제학을 기반으로 디지털 경제와 신기술, 비판 이론, 대안 정치를 가르치고 있다. 2007년 웨스턴 온타리오 대학에서 심리학과 철학으로 석사학위를 받았고 2013년 런던정경대학에서 복잡성과 세계 정치의 구성 문제로 박사학위를 받았다.

서르닉은 알렉스 윌리엄스, 헬렌 헤스트, 폴 메이슨 등과 함께 가속주의자accelerationist 좌파로 알려져 있다. 2010년 문학 이론가 벤자민 노이스는 현존 상황이나 체계가 개선되기 전에 더 악화되어야 한다는 묵시론적 관념을 비판하려고 가속주의란 표현을 사용했다. 가속주의는 기술과 그 속도에 열광하며 기술에 의한 체계의 가속, 그에 따른 체계의 변태를 찬양한다. 이런 기술예찬론에 따르면 가속의 잠재태이자 현실태는 자본주의 체제에 있으며, 자본주의는 더 추상적이고, 폭력적이고, 비인간적이고, 모순적이고, 파괴적인 것이 될수록 그 자체 파열에 더 가까운 것이 된다.

애초 가속주의는 마르크스와 엥겔스의 자본주의 비판에서 그 착상을 빌려왔다. 예컨대 〈자유무역 문제에 관한 연설〉[2]에서 마르크스가 언급했듯이, 자유무역체제는 낡은 민족성을 타파하고 프롤레타리아와 부르주아 계급의 대립을 극한으로 몰아붙인다. 자유무역체제는 한마디로 사회혁명을 촉진한다. 자본주의는 생산의 끊임없는 확대, 변혁의 체제이며, 모든 낡은 것을 녹여 버리며 화석화된 사회를 바꾸고 인간은 유적 존재를 회복한다는 것이다.

이런 발상에서 가속주의자는 현존 생산관계와 모순에 빠진 생산력의 발전을 억제하거나 감속하기보다는 오히려 가속해야 한다고 주장한다. 정확히 말해 가속주의자의 임무는 자본주의 시장을 더욱 넓히고 심화해, 자본주의 특유의 엔진인 창조적 파괴를 강화하고 이를 통해 새로운 세계를 창조하는 데 있다. 여기서 알 수 있듯이 이런 '창조적 파괴 마르크스주의자'는 현실의 실천에서나 관념에서나 대부분의 냉혹한 자본가와 거의 구별되지 않는다. 따라서 노이스가 부정적 함의를 담아 가속주의를 가혹하게 비꼰 것은 충분히 이해할 만한 일이다.

이와 같은 정치적, 사상적 조류는 1990년대 이후 서구, 특히 영국을 중심으로 저변을 넓혀 왔으며 그 중심에는 워릭 대학의 사이버컬처연구집단Cybernetic Culture Research Unit, Ccru이 있었다. Ccru에는 문화연구자 새디 플랜트와 철학자 닉 랜드를 중심으로 그들의 제자이자 문화평론가로 널리 알려진 마크 피셔 등이 관여했다. Ccru는 정치경제학 비판뿐 아니라 정신분석학, 들뢰즈·가타리 등 다양한 후기 구조주의 이론에서 영향을 받았다. 이 집단은 현실 사회주의 몰락 이후 자본주의만이 유일한 대안이라고 여겨지는 시기에 자본주의 비판에 관심을 가졌고, 특히 사이버네틱스, 인터넷 등 신기술이 자본주의의 하부구조를 어떻게 바꾸었고 당대의 신경질적이고 발작적이며 냉소적인 문화 실천에 어떤 자국을 남겼는지 민감하게 반응했다.

Ccru의 접근은 신자유주의 비판, 신기술에 대한 천착, 포스트모던한 문화 형식과 실천으로 모아지고 이 교차점에서 비평 작업에 몰두한다. 이런 점에서 이 집단은 사이버펑크나 하위문화를 연구하는 1990년대 문화기술 좌파의 흐름과 그리 다르지 않다. 실제로 Ccru는 영국의 좁은 지적 운동에 불과했고 영어권을 벗어나 알려진 것도 매우 최근의 일이다. 그럼에도 기술에 대한 그들의 독특한 태도, 마치 20세기 초 이탈리아 미래주의를 떠올리게 하는 낙관주의는 하나의 암류를 형성하면서 새로운 사상적, 실천적 조류에 영향을 미쳤다. 예컨대 (우파건 좌파건) 가속주의, 사변적 실재론이 그 자장에 있으며 암흑계몽Dark Enlightment으로 알려진 최근의 신반동주의 운동도 Ccru의 일부 사상과 밀접한 관련을 가진다.

특히 닉 랜드는 가속이라는 관념과 현행 자본주의를 접합하는 데 크게 기여했다. 그의 유명한 표현에 따르면 자본주의적 속도만이 전대미문의 기술적 특이점으로 향하고 전 지구에 걸쳐 대대적인 전환을 만들어낼 수 있다고 한다. 랜드는 마르크스가 언급한 기술 발전의 해방적 성격, 들뢰즈·가타리가 주목한 자본주의의 탈영토화, 리오타르가 강조한 자본주의의 돌변하는 강도에 크게 기뻐하며 오늘날 신자유주의 기술적 하부구조, 특히 자동화와 금융시장의 놀라운 역량에 주목한다. 금융자본의 테크노바이러스적 확산이 마치 미래에서 침입한 터미네이터처럼 인류를 문자 그대로 소멸로 이끈다는 파국적 전망을 제시한 것이다.

결국 이런 가속주의는 시장 경쟁과 생산력 발전의 체계적 위기, 자동적 파열, 도약적 변화에만 초점을 맞춘다. 그러나 마르크스뿐 아니라 들뢰즈·가타리는 그 반대 기제를 강력히 경고한다. 자본주의는 폭력적이고 인위적인 재영토화라는 반대 경향을 가진다는 것이다. 예컨대 금융화된 신자유주의는 실리콘밸리가 강조하는 개인이나 집단의 창의성에 기대지 않는다. 오히려 주주 권리, 지적 재산권이라는 수단으로 기술적 발명과 그 잠재력을 제한하고 전 지구화된 자본주의 생존에 여전히 동원한다.

또 다른 문제는 이런 기술-가속에는 파괴를 향한 충동 말고는 어떤 미래 전망도 없다는 점이다. 랜드식 기획을 따라가면, 기술적 발전이 내포한 잠재력의 개방 말고는 정치사회적 기획이 사실상 사라지며, 오히려 전체주의와 신자유주의를 옹호하는 극적인 반전이 일어난다. 체계의 해방적 힘은 시장 경쟁의 진화론적 창조력으로 대체되고 자유지상주의를 매개로 평등이 거부되는 것이다.

실제로 랜드는 인종주의, 우생학, 여성차별을 옹호하는 암흑계몽 사상과 신반동주의 운동에 영향을 미쳤다. 이런 흐름을 대표하는 커티스 야빈은 자유롭고 평등한 선거란 거짓이며 미국의 민주주의는 실패했으며 전체주의로 대체되어야 한다고 주장했으며 자신의 사상이 랜드의 신반동주의, 즉 반민주주의 관념에서 왔다고 밝히기도 했다. 게다가 암흑계몽 사상은 실리콘밸리의 인종적·차별적 문화에 복잡한 방식으로 스며든 것으로 알려져 있다.

나아가 이런 극단적 반전은 자유지상주의를 매개로 오늘날 기술 아나코주의, 또는 트랜스인간주의자들과 만나게 된다. 이들은 알고리즘, 인공지능, 자동화 따위가 기존의 사회 질서를 전적으로 파괴하고 국가, 집단 그리고 심지어 도덕과 같은 모든 규범에서 스스로를 해방하는 도구로 간주한다. 예컨대 비트코인 등 새로운 암호화폐는 국가의 집권화된 중앙은행을 우회하고 자기에 의한 자기의 통치를 가능하게 하는 기술적 수단으로 등장한다. 그러나 이들은 특정 기술이 자본주의와 선택적 친연성을 가진다는 사실을 애써 무시한다. 이들에게 국가 없는 사회는 생산력이 스스로 변태하는 소비에트 더하기 전기, 정확히는 자동화된 기술인 것이다.

이런 반동적 흐름과 근시안적 관점에 반대해 서르닉과 윌리엄스는 2013년 〈가속주의 정치를 위한 선언Manifesto for an Accelerationist Politics〉을 발표하고 가속주의의 우파적 편향과 결별한다. 그들은 정치경제학의 비판 기획으로 돌아가, 생산력의 발전은 생산관계의 변혁 없이는, 따라서 정치사회적인 활동 없이는 그 잠재력을 온전히 실현할 수 없다고 주장한다. 마르크스가 깨달았듯이 자본주의는 진정한 가속의 행위자가 될 수 없으며, 지난 수십 년간의 기술사회적 발전은 낡아빠진 소유관계, 예컨대 지적 재산권이라는 족쇄에서 벗어나지 못한다면, 전 지구적이고 보편적인 인간 해방에 도움이 될 수 없다는 것이다.

그들에 따르면 랜드식 기획, 또는 갱신된 생산력 중

심주의는 가속이 아니라 속도에 머물 뿐이다. 우리는 아무리 빨리 움직여도 자본주의가 규정한 매개변수 안에서만 운동하기 때문이다. 그렇다고 이들이 반자본주의자인 것은 아니다. 서르닉과 윌리엄스는 자본주의를 극복하기 위해서는 자본주의라는 한계 내에서 파국만을 행해가는 ― 그래서 결국은 자본주의를 재생산하는 ― 우둔한 돌진이 아니라, 사회민주적 지평 아래 국소적인 속도의 증가, 즉 보편적인 가능성을 창출하는 탐색적이고 실험적인 발견 과정을 강조한다. 이런 분석적 과업과 정치적 개입만이 좌파 정치에 미래적 전망을 되살릴 수 있는 것이다.

이런 의미에서 두 사람을 포함한 가속주의 좌파는 반자본주의가 아니라 탈post자본주의라는 잠정적 목표를 제시한다. 자본주의 안에서 자본주의를 극복하고 그 이후를 준비하며 앞당긴다는 의미인 것이다. 이들의 대항가속주의는 거칠게 정리하면 세 가지 특징을 가진다. 첫째, 서르닉과 윌리엄스는 과학기술 등 생산력이 내포한 무한한 잠재력을 해방하기를 바란다. 이런 기획에서 그들은 신자유주의의 물질적 토대를 파괴하지 않고 사회민주주의를 지향하는 공통 목적을 지향하도록 재전유하려고 한다. 자본주의의 현존하는 하부구조는 분쇄되어야 할 무대가 아니라, 탈자본주의를 향해 출발할 도약대인 것이다.

둘째, 이와 연관해 앞에서도 말했듯이 가속주의 정치는 생산력주의, 혹은 미래파적 기술 낙관론이 아니라 생산력과 조응하는 생산관계의 변혁을 동시에 고려한다. 두 사람은 기술의 진화 과정을 가속하기를 바라지만, 기술이 우리를 구원한다는 순진한 기술 유토피아를 믿지 않는다. 사회정치적 행동이 없다면, 기술은 자동적으로 사회적 갈등을 이겨내지 못하다. 요컨대 사회적인 것을 동시에 바꾸지 않으면 과학기술은 임박한 기후 위기, 식량 문제, 자원 고갈, 대량실업, 극단적 불평등, 전쟁과 학살 등의 문제에 대응하지 못한다. 기술은 역사가 증명하듯이 가치 중립적인 무엇이 아니며 자본주의적 착취, 국가와 민간의 억압적·상업적 감시, 군산복합체의 극단적 폭력에 기여할 뿐이다.

셋째, 가속주의 정치는 좌파 내의 탈근대적 경향에 반대한다. 두 사람은 개방성, 수평성, 포괄성(또는 직접행동)에 매몰된 좌파 내의 '통속' 정치를 – 우호적인 입장에서 – 비판한다. 그들에 따르면 가속주의 정치는 비자본주의적 사회관계의 작은 임시공간을 확보하는 데 머물 것이 아니라, 비국소적이고 추상적이며 우리의 일상

하부구조에 깊숙이 자리 잡은 적들을 대면해야 한다고 주장한다. 일시적인 점령은 행동적인 분파에 일시적인 위안을 주지만 체계 자체를 바꾸지는 못하며, 살아있는 생물인 정치 전술을 특정한 행동 유형으로 물신화하는 것도 문제가 있다는 것이다. 가속주의 정치는 집합적 자기 지배라는 민주적인 원리 아래 수평적 유형의 사회성과 집단적으로 통제되는 합법적인 수직적 권위를 접합해야 한다.

결국 이들이 주장하는 가속주의 정치는 자본주의에서 가능해진 과학기술의 발전을 수용하여, 그 잠재력을 자본의 이윤이 아니라 인간과 자연의 해방이라는 공통 목표로 전유하며, 종국에는 자본주의적 관계를 벗어난 사회, 이른바 탈자본주의 사회를 지향해야 한다. 이들이 그리는 사회는 어떤 것인가? 미래는 열려 있기에 확답하기는 힘들지만, 아마도 소비에트 더하기 집합계획, 더하기 인공지능이 아닐까? 이렇게 본다면 이 책에서는 등장하지 않지만, 탈자본주의 사회란 코뮤니즘 기획과 바꿔써도 그리 틀리지 않을 것이다.

이런 선언이 얼마나 현실성이 있을까? 우리는 서르닉과 윌리엄스가 2015년에 발표한 《미래를 발명하기: 탈자본주의와 노동 없는 세계 Inventing the Future: Postcapitalism and a World Without Work》라는 책에서 그 단초를 확인할 수 있다. 〈가속주의 정치를 위한 선언〉이 최대 강령이라면, 이 책은 중단기 목표를 고려한 최소 강령이라고 할 수 있다. 두 사람은 디지털 기술과 자동화가 플랫폼 노동 등 작업의 새로운 조직화와 결합해 불안정 노동과 삶의 불안정화를 강화한다고 주장한다. 과거에는 기계화, 또는 자동화가 새로운 직업을 낳기도 했지만, 이런 경향이 최근에는 약해지거나 없어졌으며 우리는 노동의 종말이라는 사태를 맞고 있다는 것이다.

이런 현실 진단에 대해 두 사람은 '탈노동' 사회라는 잠정적 대안을 제시한다. 과학기술에 의해 가능해지고, 또 그 잠재력을 노동 해방에 사용하는 세계 말이다. 이런 중장기 목표 아래 그들은 완전 자동화, 노동시간의 단축, '기본소득'의 지급, 자본주의적 노동윤리의 폐기라는 누구나 인정할 만한 최소한의 목표를 설정한다. 그들에 따르면 오늘날 세계는 이와 같은 기본 요구를 충족하고도 남을 만큼 풍족하고 기술적으로 발전해 있지만, 이를 실현하는 데는 현실적으로 수많은 난관이 남아 있다. 그 이유는 물적인 조건뿐 아니라 이데올로기 지형이 우파적 상상력에 장악되어 있기 때문이다.

따라서 우리의 공통 감각, 즉 상식을 바꾸는 대대적

인 작업이 필요한 것이다. 예컨대 그들은 신자유주의자들의 기획을 본받아, 혹은 Ccru의 경험을 반성 삼아 좌파 버전의 몽펠르랭 클럽을 제안한다. 이는 프레더릭 하이에크를 비롯한 자유주의자들의 싱크탱크로, 신자유주의의 지적이고 물적인 헤게모니를 확보하는 데 그 목적이 있었다. 다만 새로운 대항 헤게모니 기획은 단순한 관념 체계만 바꾸는 것이 아니라, 과거의 집산적 계획이 그랬듯이 사이버네틱한 최신 기술의 하부구조를 적극 활용해 생산과 소비를 재조직하는 탈자본주의적 플랫폼과 결합해야 하며, 나아가 집단적 자기 지배를 촉진하고 삶의 양식을 재창조하는 민주적인 생태계와 연결되어야 한다. 이런 지적이고 물적인 발명과 더불어, 좌파의 사회 기술적 헤게모니는 새로운 계급 형성 전략과 결합해야 한다. 전 지구에 걸쳐 인공지능 경제를 뒷받침하는 다양한 잉여인구가 새로운 정치적 주체로 결집되어야 한다.

사실 이 같은 주장은 현실 진단에서 대안 제시까지 그다지 새로운 요구는 아니며, 따라서 이 책은 노동 없는 사회를 우려하는 다양한 전망에서 공통 기반을 추출한 것으로 간주해야 한다. 〈가속주의 정치를 위한 선언〉이 시급한 정치적 개입이라고 한다면, 이 책은 다소 과장된 수사법을 걷어내고 대안 운동 사이에 최소한의 공감대를 구성할 목적에서 쓰였기 때문이다. 이와 더불어, 심지어 그들의 요구는 '탈노동' 사회를 지향하는 우파와 자본가마저 어느 정도 공감할 수 있는 내용이다. 이런 점에서 이 책은 그 주장에 동의하건 아니건 간에 대중의 상식 내에서 대중을 견인하는 대항 헤게모니 전술로 이해되어야 한다.

· · · ·

현실 진단이라는 목적에서 《플랫폼 자본주의》는 앞선 저작에서 지적한 자본주의의 새로운 변화, 즉 단순한 노동의 자동화가 아니라 데이터 추출과 분석 알고리즘에 기초한 가치의 새로운 추출 및 수탈 방식에 초점을 맞춘다. 플랫폼 사업모델이 바로 그것이다. 이 책은 인공지능, 3D프린터, 플랫폼 등 새로운 기술이 전에 없는 혁명이라고 열광하지도 않는다. 그렇다고 이런 새로운 혁신이 노동을 대체할 뿐 자본주의에 아무런 변형을 가하지 않는다는 냉소적인 입장을 취하지도 않는다. 대신에 이 책은 기업의 새로운 행위에 주목하여 오늘날 디지털 경제에서 새로운 점과 그렇지 않은 점을 구별한다. 이는 노동이 크게 후퇴한 상황에서 대안 전략의 정교화를 목적으로 하며, 이를 위해 저자인 서르닉은 플랫폼 자본의 과거, 현재, 미래라는 세 가지 접근을 택한다.

첫 번째 장은 플랫폼 자본주의가 어떻게 형성되었는지 그 역사적 배경을 다룬다. 간단히 요약하면 2차 세계대전 이후 선진자본주의 국가는 제조업을 중심으로 자본주의의 황금기를 누리게 된다. 그러나 일본과 독일을 비롯한 경쟁국의 산업 경쟁력이 올라가면서, 1960-70년대 제조업에서는 전 지구에 걸쳐 과잉생산 위기가 발발하고 이윤율이 점점 더 하락하게 된다. 그 결과 두 가지 장기적 경향이 나타나는데, 하나는 제조업의 구조조정(생산의 외주화·역외화, 린 생산, 적시공급 방식으로 대표되는 포스트포드주의)과 이에 따른 노동의 외주화, 불안정 노동의 증가이다.

다른 하나는 금융자본이 우위에 서는 자본의 재구조화이다. 미국에서는 1980-90년대 플라자 합의 등 경제를 자극하기 위해 인위적인 노력을 기울였지만, 제조업의 이윤율은 좀처럼 회복되지 않았고 제조업에서 이탈한 자본은 새로운 배출구를 찾아 떠돌기 시작했다. 그러다가 1990년대 제조업의 부활 없이도 경제를 촉진하는 새로운 방식이 떠올랐다. 주식과 부동산 등 이른바 자산 가치를 끌어올려 소비를 촉진한다는 자산가격 케인스주의가 출현한 것이다.

이런 변화 아래 금융당국은 대대적으로 돈을 풀어 주식 등 자산 가치를 끌어올렸다. 이런 초완화적 통화정책은 금융투자를 자극해 1990년대 후반 동아시아 금융위기와 2000년대 초반 닷컴 거품을 일으켰고, 2008년에는 주택 부문의 과잉투자로 이어졌으며 그 여파로 전 지구적인 금융위기와 재정위기가 일어났다. 그러나 이런 투기 덕분에 디지털 경제의 인프라구조, 예컨대 초고속 통신망이 깔렸으며, 새로운 기술과 벤처 기업에 투자가 몰려들었고, 최근에는 인공지능, 사물인터넷, 플랫폼 따위에 막대한 자금이 들어갔다. 요컨대 전 지구적인 이윤율 하락, 포스트포드주의 생산방식, 노동의 불안정화, 금융 투기와 풍부한 유동성이라는 기저 조건이 없었다면, 플랫폼 기업을 포함한 오늘날 디지털 경제는 탄생할 수 없었다. 현대 경제사의 관점에서 바라볼 때, 플랫폼이라는 새로운 사업모델은 이윤율이 낮은 곳에서 수익성이 높은 곳으로 자본을 새롭게 배출하는 기술적 장치로 등장한 것이다.

두 번째 장은 플랫폼 자본의 현재를 다룬다. 이 장은 지난 십여 년간 출현한 다양한 플랫폼 기업을 다섯 가지 유형으로 구분한다. 광고 플랫폼, 클라우드 플랫폼, 산업 플랫폼, 제품 플랫폼, 린 플랫폼이 그것이다. 오늘날 디지털 경제는 산업 시대의 석유처럼 데이터라는 원료에 기초하며, 이용자의 활동에서 데이터를 추출하여 적절한 알고리즘으로 분석한 다음 이런저런 방식으로 가공하여 수익을 창출하는 플랫폼 모델로 바뀌고 있으며, 이런 변화는 정보기술 분야뿐 아니라 농업에서 제조업, 서비스 산업에 이르기까지 경제 전반에 커다란 영향을 미치고 있다. 플랫폼 회사는 소비자, 생산자, 공급업자 등 수많은 이용자가 자발적으로 교류하는 매개자로 자신을 내세우며, 그 덕분에 막대한 데이터를 확보하는 이상적 위치에 서게 된다. 이런 독점적 위치를 바탕으로 플랫폼 회사는 데이터 추출, 관리, 분석, 판매하는 혁신적 모델로 인기를 끌었고 지난 십년 동안 막대한 권력과 자본을 얻게 되었다.

1990년대 말에 등장한 광고 플랫폼은 데이터를 수집 및 가공해 온라인 표적 광고를 판매하는 최초의 플랫폼 기업이다. 구글과 페이스북이 대표적이다. 클라우드 플랫폼은 데이터 수집과 분석, 사업 운영에 필요한 일체의 하드웨어, 소프트웨어, 전문지식을 이를 필요에 따라 임대해 수익을 올리는 방식이다. 아마존웹서비스, 마이크로소프트 애저, 구글클라우드 플랫폼이 대표적이다.

산업 플랫폼은 제조업에서 발달한 유형으로 생산 공정에서 판매까지 제조업의 운영에 필요한 모든 하드웨어와 소프트웨어를 구축한 다음, 고객 회사에 빌려주는 서비스 방식이다. GE의 프레딕스, 지멘스의 마인드스페어를 비롯한 스마트 공장 플랫폼이 대표적이다. 이런 클라우드 서비스, 산업 플랫폼의 발전에 기대어 제품 플랫폼과 린 플랫폼이 빠른 속도로 성장한다. 제품 플랫폼은 자산을 소유한 다음 필요에 따라 빌려주는 서비스이고, 린 플랫폼은 자산을 소유하지 않고 외주에 떠넘기는 형태이다. 전자는 집카, 스포티파이 같은 형태이고 후자는 모든 자산과 노동을 외주로 동원하는 우버, 에어비앤비 같은 형태이다. 이런 플랫폼은 사업 활동에 필요한 거의 모든 자산을 외부에서 쉽게 조달하며, 이를 바탕으로 빠른 속도로 덩치를 키운다.

이 모든 유형에서 데이터는 경쟁의 핵심에 있으며, 데이터 확보는 플랫폼 기업의 지상 명제로 등장한다. 데이터라는 새로운 원료, 새로운 수익원이 없다면 투자도 없으며 생존도 없기 때문이다. 결국에 자본주의 기업인 한에서 플랫폼 회사도 시장의 경쟁압력을 벗어날 수 없으며, 이런 철칙은 더 많은 데이터 확보라는 플랫폼 회사의 강력한 독점 경향으로 나타난다.

이런 점에서 세 번째 장은 플랫폼 자본의 미래를 전망한다. 이 장을 끌어가는 질문은 다음과 같다. 플랫폼 모델에서는 독점이 강화되는가, 아니면 경쟁 시장이 유지될 것인가? 플랫폼 기업은 자본주의의 장기적 침체, 즉 전 지구적인 이윤율 하락을 만회할 것인가? 서르닉의 주장에 따르면 플랫폼 기업은 데이터 확보를 둘러싼 타고난 경향 탓에 독점을 향해가지만, 거대한 플랫폼 기업 사이에는 치열한 경쟁이 펼쳐진다. 독과점 기업 사이에는 경쟁 전략이 몇 가지 형태로 나타난다. 데이터의 확보를 위한 팽창, 경계관리 지점의 점유, 사업영역의 수렴, 생태계 폐쇄전략이 그것이다.

데이터는 네트워크 효과를 지니기 때문에 더 많은 이용자를 유치할수록 더 많은 데이터가 쌓이며, 이는 결국 더 많은 가치를 생산하고 더 많은 이윤을 생산하게 한다. 게다가 노동뿐 아니라 사업에 필요한 모든 자산을 외주로 조달할 수 있기에, 한계비용은 거의 영으로 떨어지고 따라서 데이터는 다른 생산요소보다 경쟁력을 확보하는 데 초점이 된다. 결국에 플랫폼 회사는 더 많은 데이터를 확보하기 위해 경쟁적으로 팽창한다. 심지어 이런 경향은 가상 회사를 지향하는 최근의 경향과 반하는 경향으로 이어진다. 달리 말해 플랫폼 회사는 하드웨어에서 소프트웨어까지 데이터 흐름의 모든 층위를 장악하려고 막대한 자금을 넣고 있으며, 자체 개발뿐 아니라 전 세계에 걸쳐 수많은 인수합병을 진행한다. 여기서 핵심은 데이터 층위의 모든 영역을 장악하는 것이 아니라, 핵심적인 경계 지점을 효과적으로 점유하는 데 있다. 예컨대 망사업자보다는 분석 알고리즘이 더 중요한 것이다. 그럼에도 모든 플랫폼 유형은 데이터 확보를 놓고 서로 다른 사업 영역으로 진출하는 경향이 있으며, 결국에는 모든 시장에서 경쟁하게 된다. 이에 대한 반작용으로 플랫폼 회사는 애플의 생태계처럼 폐쇄 전략을 구사하고 이용자의 활동, 즉 데이터를 독점하려고 한다.

이런 경쟁에서 어떤 플랫폼 회사가 살아남을 것인가? 이런 문제는 예측하기 힘들지만, 광고 플랫폼 회사는 애드블록이나 광고 시장의 침체로 위기를 맞을 것이다. 특히 린 플랫폼 회사는 노동자 저항과 법적 규제의 문제로 전망이 밝지 않다. 게다가 데이터 확보라는 점에서도 린 플랫폼 회사는 결국 자산을 소유하는 다른 플랫폼 형태로 바뀔 것이다. 클라우드 플랫폼이나 산업 플랫폼에서는 플랫폼 소유자가 이용자의 활동에 손쉽게 접근하고, 따라서 데이터 확보나 수익 창출 면에서 훨씬 유리하기 때문이다. 이 책이 쓰인 2015년만 하더라도 우버의 시장 가치가 매우 높았지만, 저자의 예측대로 작년에만 하더라도 우버와 위워크 같은 린 플랫폼 회사는 실적 악화로 어려움을 겪었다. 결국 플랫폼 회사는 아마존이나 GE처럼 모든 자산을 갖추고 임대수익을 올리는 형태로 변해갈 것이다. 이런 점에서 우버보다는 아마존이 플랫폼의 미래에 더욱 가깝다고 할 수 있다.

그렇다면 플랫폼 기업은 자본주의를 갱신할 새로운 사업모델인가? 서르닉에 따르면 그렇기도 하고 아니기도 하다. 우선 자본주의가 갱신된다면, 그 근거는 플랫폼 기업이건 아니건 간에 플랫폼 형태로 사업방식이 바뀐다는 데 있다. 분명 플랫폼 모델은 새로운 사업 기회를 열어주고 디지털 경제뿐 아니라 경제 전체에 새로운 활력이 될 것이다. 그러나 객관적 증거를 살펴보면, 플랫폼 회사는 자본주의를 되살릴 새로운 빛이 아니다. 플랫폼 사업이나 디지털 경제가 발전한 지난 십여 년 이래로 전 지구적 경제가 살아났다는 근거는 미미하다. 선진국과 중진국 경제는 성장률이 돌아오지 않았고, 저개발 국가에서는 플랫폼 회사뿐 아니라 자본의 전 지구적인 재배치로 성장률이 높아진 것이다. 실제로 플랫폼 회사는 대량실업, 생산과 노동의 외주화, 전 지구적 착취라는 기존 경향에 기대어 성장했을 뿐이다. 플랫폼이라는 새로운 사업모델은 특정 산업이나 기업에 특별한 잉여를 안겨주고 독점 회사로 성장하게 했지만, 총자본의 이윤 면에서나 총고용의 증가 면에서 그다지 성공하지 못했다.

그렇다면 어떻게 할 것인가? 이 책에서 서르닉은 짧은 분량 탓인지, 연구의 초점 탓인지 구체적 대안보다는 몇 가지 제안으로 서둘러 마무리한다. 그는 일단 플랫폼이 제시한 기술적 가능성을 아예 부정할 것이 아니라, 국가의 막대한 자원을 투입해 공적인 플랫폼을 개발하자고 제안한다. 그 목표는 사회기술적 하부구조를 기업과 국가의 감시, 착취, 전쟁 등에 사용하지 않고 공적 이해와 관심, 예컨대 민주적 참여, 경제적 분배, 인종적·성적 평등을 촉진하는 데 있다. 나아가 우리는 탈자본주의 플랫폼, 혹은 플랫폼의 집산화를 요구해야 한다. 그 단기적 목표로는 노동시간을 단축하고 생활하기에 충분한 임금뿐 아니라 '기본소득'이나 '기여소득'을 보장하는 이른바 '탈노동' 사회를 실현하는 플랫폼을 개발해야 한다.

그 모습이 어떤 것인지는 명확하지 않지만 〈가속주의 정치를 위한 선언〉에서는 플랫폼이 전 지구적 변화를 가져오는 사회기술적 하부구조로 잠시 언급된다. 플랫폼은 행동적으로, 그리고 이념적으로 가능한 것들의 기본적인 매개변수를 이루며, 특수한 행위와 관계, 권력들의 접합을 가능하게 만든다. 오늘날 전 지구적인 플랫폼이 자본주의 사회 관계를 강화하는 쪽으로 편향되어 있지만, 그에 따르면 이는 불가피한 것이 아니다. 이런 물질적인 생산, 금융, 운송, 그리고 소비의 플랫폼은 탈자본주의적 목적을 지향하도록 재계획되고 재구성되어야 한다.

폴 메이슨의 말을 인용하면 자본주의는 복잡하고 적응력이 뛰어난 체계이지만 그 적응능력이 이제 한계에 달했다. 자본주의는 위기를 맞아 돌연변이를 일으키고 기술 발전을 촉진하지만, 더 이상 기술 변화에 적응하지 못하고 새로운 변화를 요구하고 있다. 가속주의자는 그 변화를 탈자본주의라고 부르고 있지만, 이 용어에 동의하건 아니건 간에 – 그리고 '탈노동' 사회라는 전략에 동의를 하건 아니건 간에 – 그들의 주장에서 우리는 한 가지 교훈을 얻게 된다. 발전된 기술을 활용할 줄 아는 새로운 행동과 조직이 전 세계에 걸쳐 미시적으로 발전할 때, 그리고 이런 동시다발적 실험이 수평적·수직적으로 연합할 때 탈자본주의는 현실이 된다는 것이다.

· · ·

이 책이 나오기 직전인 2016년 3월, 구글의 인공지능 알

파고가 이세돌 9단을 꺾는 사건이 있었다. 가히 알파고 충격이 불었고 인공지능뿐 아니라 자율주행자동차, 사물인터넷, 빅데이터, 플랫폼 모델 등 신기술에 대한 찬사와 불안이 교차했다. 한편에서는 4차 산업혁명이 자본주의를 혁신하고 국가 경쟁력을 높인다는 장밋빛 전망이 떠올랐다. 다른 한편에서는 좌파와 우파를 불문하고 자동화가 노동의 종말을 가져오고 심지어는 인간 소멸을 예고한다고 주장했다. 이런 디스토피아적 전망 아래 '기본소득', '기여소득' 등 복지국가를 대체하는 사회적 해법이 제시되고 있다. 몇 년이 지났지만 이런 양가적 반응이 널뛰기하듯이 교차하는 것은 달라 보이지 않는다.

옮긴이 입장에서 이 책의 번역이 조금 더 빨랐다면, 플랫폼 현상과 이를 둘러싼 오해, 사회적 갈등이 줄어드는 데 조금 더 보탬이 되지 않았을까 하는 아쉬움이 남는다. 다만 이 책에서 얘기하는 현상이 지금은 한국 사회에 많이 알려져, 신기술과 플랫폼 기업에 대한 무조건적 환상이 어느 정도 걷어진 듯하다. 이런 탈주술화에는 타다 플랫폼과 택시업계의 충돌에서 보듯이 첨예한 산업 간 갈등이 영향을 미치기도 했지만, 라이더유니온의 활동을 비롯해 플랫폼 기업의 화려한 성취에 가려진 플랫폼 노동자의 조직화도 커다란 영향을 미쳤다. 택시 노동자건 배달 노동자건 이들의 노동권·생존권 투쟁은 플랫폼 회사도 자본주의 기업이라는 사실을 떠올리게 해준 것이다. 이 책의 저자도 강조하듯이, 아무리 혁신적인 디지털 회사도 자본주의 기업인 한에서 노동력의 착취와 수탈에 기댈 수밖에 없으며, 더욱이 일상화된 노동의 외주화 없이는 굴러갈 수 없기 때문이다. 이런 점에서 플랫폼 노동자가 자영업자나 특수고용노동자의 신분이 아니라 정당한 노동을 인정받고 법적으로 보장된 권리를 우선적으로 회복할 필요가 있을 것이다.

다른 한편 노동시장 내의 개입, 즉 플랫폼 노동자의 임금이나 복리후생, 고용 상태를 개선하는 작업뿐 아니라 산업의 변화로 일어나는 다양한 종류의 비정형 노동자, 또는 노동시장에서 탈락한 새로운 유형의 인구를 포괄하는 대안적인 사회정치적 기획도 필요하다. 오늘날 갈등은 이해당사자 간 합의나 기존의 법적인 판단을 넘어서는 더 깊은 수준의 변화를 예고하기 때문이다. 기존의 복지체계를 일신한다거나 지금은 상상적 단계에 불과하지만 '기본소득'이나, 노동시간의 대대적 단축 등이 검토될 수도 있을 것이다. 이 책이 제안하듯이 국가의 행정 및 감시, 자본의 이윤에서 플랫폼 기술을 떼내어 공적 플랫폼을 개발하는 데 사용하고, 이런 기술적 하부조건을 발판으로 탈자본주의 사회, 어쩌면 '탈노동' 사회를 꿈꾸는 방안도 언젠가는 가능할 것이다.

우리가 가속주의자들의 주장(특히 '탈노동' 사회라는 탈자본주의적 전망)에 동의건 아니건 간에, 그 목표는 억압과 착취에서 인간과 자연을 해방하려는 오래된 이상을 회복하려는 전략적 구상으로 이해해야 한다. 마르크스가 말했듯이 필연의 왕국에서 자유의 왕국으로 향하려는 꿈 말이다. SF소설이 수십 년 전에 그렸던 상상이 지금은 현실로 구현된 경우가 적지 않다. 오늘날 진정한 문제는 자본주의 말고는 대안이 없다는 자본주의라는 리얼리즘, 달리 말해 정치적, 이론적, 이데올로기적 불모성에 놓여 있다. 신자유주의가 주입하는 개인과 가족의 적자생존이 아니라, 나와 가족(심지어 인간)을 넘어서는 공동의 번영과 행복을 꿈꾸는 새로운 SF소설이 지금 필요하다. 그렇지만 이 책이 보여주듯이 냉철한 분석이 없다면 그런 소설은 한낱 몽상에 그칠 것이다. 이 짧은 책이 더 나은 사회를 꿈꾸고 합리적으로 기획하려는 모든 사람에게 도움을 주기를 바란다.

이 책을 번역하는 데는 몇몇 분의 도움이 있었다. 김선주 선생은 바쁜 일정에도 초고를 읽어주고 원문과 대조를 해주었다. 박재현 선생과 권오헌 박사는 틈틈이 번역고를 읽어주고 조언을 아끼지 않았다. 저서가 아닌 역서에 감사의 말을 하기에는 겸연쩍은 일이지만, 세 분에게 깊은 감사를 전한다. 2017년 이 책이 처음 나왔을 때 번역을 추천해준 구명님과 김성윤 박사에게도 고마움을 전한다. 십여 년 전 가속주의와 사변적 실재론이라는 흐름을 소개해준 최영찬 박사에게도 멀리서 우정을 전한다. 그 밖에도 많은 분이 이 책에 관심을 가져주고 격려를 해주었다. 일일이 언급하지 못한 점 양해를 바란다. 마지막으로 직접 뵌 적은 없지만, 새로운 이론적 동향과 가속주의 문헌을 소개해준 블로그 〈사물의 풍경〉 운영자 김효진 선생에게도 고마움을 전한다.

미주

서론

1. Morozov, 2015b.
2. Huws, 2014.
3. '기술 분야'란 표현은 정확한 분류 방식이 아니다. 여기서는 북미산업분류체계와 그 부속코드에 따라 기술 분야를 정의하려고 한다. 이 체계에 따르면 기술 분야는 컴퓨터·전자제조업(334), 통신(517), 데이터 가공·호스팅 및 관련 서비스(518), 기타 정보서비스(519), 컴퓨터 시스템 설계 및 관련 서비스(5415)를 포함한다. 〔옮긴이〕괄호 안의 번호는 미국에서 사용하는 산업분류체계의 번호이다.
4. Klein, 2016.
5. Office for National Statistics, 2016b.
6. 〔옮긴이〕페이스북은 2014년 2월 왓츠앱을 인수하고 같은 해 4월 인스타그램을 사들였다. 왓츠앱의 인수는 그 당시 기준으로 디지털 부문 합병 가운데 가장 컸다. 페이스북은

2019년 2월 현재 76개의 회사를 인수하거나 합병했다.
7. Davis, 2015: 7.

1장. 장기침체

1. 이 책에서는 별다른 언급이 없으면, '생산성'은 총요소생산성이 아니라 노동생산성을 의미한다.
2. 다음 문단은 로버트 브레너의 주장을 요약한 것이다. Brenner, 2007.
3. Braverman, 1999.
4. Piketty, 2014; Gordon, 2000; Glyn, Hughes, Lipietz and Singh, 1990.
5. 여러모로 이런 호각세는 노동운동의 성공을 뜻하지 않는다. 오히려 급진적 노동운동의 패배를 상징하며, 현장의 저항을 억누른 결과로 볼 수 있다.
6. 이후 세 문단은 브레너의 글에서 크게 빚지고 있다. Brenner, 2006.
7. Dyer-Witheford, 2015: 49–50.
8. Blinder, 2016.
9. Scheiber, 2015.
10. Brenner, 2002: 59–78, 128–33.
11. Antolin-Diaz, Drechsel, and Petrella, 2015; Bergeaud, Cette, and Lecat, 2015.
12. Perez, 2009; Goldfarb, Kirsch, and Miller, 2007: 115.
13. Goldfarb, Pfarrer, and Kirsch, 2005: 2.
14. Brenner, 2009: 21.

15. Perez, 2009.
16. Federal Reserve Bank of St Louis, 2016b.
17. Comments of Verizon and Verizon Wireless, 2010: 8n12.
18. Schiller, 2014: 80.
19. Dyer-Witheford, 2015: 82–4.
20. Greenspan, 1996.
21. Brenner, 2009: 23.
22. Rachel and Smith, 2015.
23. 〔옮긴이〕 자동조절장치, 또는 자동조절정책이란 시장 기제를 사용해 경기 변동을 자동으로 조절하는 기법이다. 예를 들어 경기가 좋을 때는 세금을 더 많이 걷어 경기 과열을 막고, 불황일 때는 세금을 줄여 경기를 부양하는 방식이다.
24. Khan, 2016.
25. 제로금리 제약, 또는 유동성 함정은 명목금리가 제로 아래로 내려갈 수 없다는 주장이다(그렇지 않으면 저축자가 돈을 인출해, 익히 알려진 대로 침대 밑에 넣어둘 것이다). 그래서 정책 당국은 명목금리를 제로 수준 아래로 내리지 않는다. 더 자세한 설명은 크루그먼의 논의를 참조하기 바란다. Krugman, 1998. 그러나 최근 일부 국가에서는 중앙은행의 예치금에 마이너스 금리를 부과하기 시작했다. 지금까지는 이런 조치로 기대한 효과가 나타나지 않거나 거의 반대로 나타났다(예를 들어, 대출이 늘어나기보다는 오히려 줄어들었다).
26. Khan, 2016.
27. Joyce, Tong, and Woods, 2011; Gagnon, Raskin, Remache,

and Sack, 2011; Bernanke, 2012: 7.
28. Dobbs, Lund, Woetzel, and Mutafchieva, 2015: 8.
29. Spross, 2016.
30. Karabarbounis and Neiman, 2012.
31. 유보금은 현금 저축, 현금성 자산, 유가증권을 뜻한다.
32. Zucman, 2015: 46.
33. Ibid., 35. 이 수치에는 현금(약 400억 달러)이 빠져 있고, 조세 도피 목적으로 사용되는 유형자산(예술품, 보석, 부동산)도 들어 있지 않다.
34. Srnicek and Williams, 2015: ch. 5.
35. Federal Reserve Bank of St Louis. 2016a.
36. Office for National Statistics, 2016b.

2장. 플랫폼 자본주의

1. Kaminska, 2016a.
2. Vercellone, 2007.
3. Terranova, 2000.
4. Wark, 2004.
5. 이런 수치는 다음 자료에 기초한다. Andrae and Corcoran, 2013; US Energy Information Administration, n.d.. 더 자세한 내용은 다음을 참조하기 바란다. Maxwell and Miller, 2012.
6. 한 가지 특별한 사례를 꼽자면 대기과학을 들 수 있다. 다음 글을 참조하기 바란다. Edwards, 2010.
7. 나는 여기서 원료에 관한 마르크스의 정의를 따르고 있다.

'인간을 위해 최초부터 식량 또는 생활수단을 마련해주는 토지(경제학적 관점에서는 물도 여기에 포함된다)는 인간 노동의 일반적 대상이며 인간 측의 수고 없이 존재한다. 노동에 의해 자연환경과 맺고 있는 직접적 연결에서 그저 분리된 물건도 모두 천연으로 존재하는 노동대상이다. 예컨대 자연환경인 물에서 떨어져 나와 잡힌 물고기, 원시림에서 벤 원목, 광맥에서 채취한 광석이 그런 것이다. **이와는 반대로 만약 노동대상 그 자체가 이미 과거의 노동이 스며든 것이라면, 우리는 그것을 원료라고 부른다.** 예컨대 이미 채굴되어 세광 과정에 들어가는 광석이 그것이다. 〔원료는 모두 노동대상이다. 그러나 모든 노동대상이 원료인 것은 아니다. 노동대상이 원료로 되는 것은 그것이 이미 노동에 의해 어떤 변화를 받은 경우뿐이다.〕' Marx, 1990: 284-5. 강조는 추가했다. 〔옮긴이〕 카를 마르크스(지음), 김수행(옮김), 《자본론 1 상》, 비봉출판사, 2015, 239쪽. 저자는 팽귄판을 사용했으나 번역은 한국어판을 따랐으며 약간 수정했다. 한국어판은 마르크스-엥겔스 저작집MECW을 기본으로 마르크스-엥겔스 전집MEGA을 반영했다.

8. 제이슨 무어는 입력 비용의 하락이 중요했다고 여긴다. 그의 연구는 언급할 만한 가치가 충분하지만 이 책의 범위를 넘어선다. 자세한 내용은 다음 책의 2장을 참고하기 바란다. Moore, 2015.

9. 애플은 이런 변화에서 벗어난 대표적인 기업이다. 애플은 아직까지 제조의 외주화라는 표준적 관행에 기대고 있으며, 이런 점에서 전통적인 의미의 가전제품 제조사에 가깝다.

애플도 몇몇 플랫폼 사업을 하고는 있지만(아이튠즈, 앱스토어), 이 부문의 수익은 전체 실적 가운데 8.0%에 불과하다. 애플의 놀라운 성취는 대부분 아이폰의 판매(68.0%)에서 나온다. 애플의 사업모델은 2010년대의 구글이 아니라 1990년대의 나이키와 비슷하다.

10. 플랫폼에 관한 보충 설명은 다음 자료가 유용하다. Bratton, 2015: ch. 9; Rochet and Tirole, 2003.
11. 기술적으로 플랫폼은 비非 디지털 형태(예를 들어 쇼핑몰)를 취할 수도 있지만, 온라인에서는 기록 활동이 쉽다는 점에서 디지털 플랫폼은 데이터 추출의 이상적 모델이 되고 있다.
12. '이용자'는 기계장치도 포함한다. 사물인터넷을 고려하면 중요한 추가 사항이다. Bratton, 2015: 251-89.
13. Gawer, 2009: 54.
14. Rochet and Tirole, 2003.
15. Kaminska, 2016b.
16. Hwang and Elish, 2015.
17. Metz, 2012.
18. [옮긴이] 하둡Hadoop, 또는 아파치 하둡Apache Hadoop은 분산 환경에서 대규모 데이터를 효율적으로 처리하는 자바 기반의 오픈소스 프로젝트이다.
19. 우리는 어떤 회사가 플랫폼의 코드는 소유하지만 일체의 연산처리를 클라우드 기반 서비스에 위탁하는 하나의 시나리오를 그려볼 수 있다. 이런 점에서 하드웨어는 플랫폼 소유의 핵심 요소가 아니다. 하지만 조금 있다가 살펴볼 경쟁 관

계 탓에, 거대 플랫폼 회사는 전용 하드웨어를 구비하는 쪽으로 옮겨가고 있다. 요컨대 고정자본의 소유는 이런 기업의 본질적 요소는 아니지만, 여전히 중요한 것으로 남아 있다.

20. [옮긴이] 태스크래빗TaskRabbit은 가구 조립, 배달, 청소 등 가사일과 소비자를 연결하는 모바일 플랫폼이다. 2017년 아마존의 확장을 견제한 이케아가 인수했다. 대신에 아마존은 2015년부터 아마존홈서비스라는 경쟁 서비스를 운영하고 있다.

21. [옮긴이] 아마존 메커니컬터크Mechanical Turk는 전문 인력과 지식을 공유하는 플랫폼이다. 일감을 가진 수요자와 그 일을 해내는 공급자를 연결하는 방식이다. 문제는 시간당 9달러 안팎의 수당으로 노동착취라는 비판이 끊이지 않는다.

22. [옮긴이] 아마존웹서비스AWS는 2002년부터 내부 서비스로 개발되었다. 2004년 공개용 서비스로 바뀌었고 2017년 기준으로 컴퓨팅, 저장, 네트워크, 데이터베이스, 분석 등 90개 이상의 서비스를 제공한다. 2017년 전 세계 클라우드 시장의 절반 이상을 차지하고 연간 매출은 174억 5,800만 달러로 매출 비중은 10% 안팎이지만 영업 이익은 전체의 60%를 기록했다.

23. Goldfarb, Kirsch, and Miller, 2007: 128.

24. Crain, 2014: 377-8.

25. Zuboff, 2016.

26. Varian, 2009.

27. [옮긴이] 애드워즈AdWards는 구글의 광고 서비스이다. 애드워즈에 가입하면 광고주는 구글 웹사이트와 다른 표적 사이

트에 광고를 넣을 수 있다. 지금은 구글애즈Google Ads로 이름을 바꾸었다.

28. Terranova, 2000.
29. Wittel, 2016: 86.
30. Zuboff, 2015: 78.
31. Ibid.
32. 데이터 가치사슬의 사례는 다음 글을 살펴보기 바란다. Dumbill, 2014.
33. Finnegan, 2014.
34. Davidson, 2016.
35. CB Insights, 2016b.
36. Henwood, 2003: 30.
37. Hook, 2016.
38. Clark and Young, 2013.
39. Burrington, 2016.
40. 업계에서는 이들 각각에 대해 '서비스로서의 인프라구조IaaS', '서비스로서의 플랫폼Pass', '서비스로서의 소프트웨어SaaS'라고 부른다.
41. Clark, 2016.
42. 〔옮긴이〕 인공지능을 서비스 형태로 빌려준다는 뜻이다. 줄임말로는 AIaaS Artificial Intelligence as a Service라고 한다.
43. Miller, 2016.
44. Asay, 2015.
45. McBride and Medhora, 2016.
46. 〔옮긴이〕 RFID는 무선 주파수RF, Radio Frequency를 이용해 물

건이나 사람을 식별IDentification하는 기술이다. RFID는 안테나와 칩으로 구성된 RFID 태그에 정보를 저장해 특정 대상에 부착한 후, RFID 리더를 사용해 정보를 인식한다.

47. Webb, 2015; Bughin, Chui, and Manyika, 2015.
48. 〔옮긴이〕 A/B 테스트는 두 가지 선택지를 주고 고객의 반응을 조사하는 기법이다. 두 집단의 수치를 비교하는 전통적 통계에서 유래하지만, 최근에는 온라인상에서 수시로 적용할 수 있다. 따라서 소비자 선호를 일상적으로 추적하는 데 유용하다.
49. Bughin, Chui, and Manyika, 2015.
50. Alessi, 2014.
51. World Economic Forum, 2015: 4.
52. Zaske, 2015.
53. CB Insights, 2016c.
54. Waters, 2016.
55. Murray, 2016.
56. Miller, 2015b.
57. Waters, 2016.
58. Miller, 2015a.
59. International Federation of the Phonographic Industry, 2015: 6–7.
60. Office for National Statistics, 2016a.
61. Bonaccorsi and Giuri, 2000: 16–21.
62. Dishman, 2015.
63. 'Britain's Lonely High-Flier', 2009.

64. Goodwin, 2015.
65. 덧붙여, 이들 회사는 매켄지 워크의 용어로 매개자vectoralist 계급이 소유한다. Wark, 2004.
66. Kamdar, 2016; Kosoff, 2015.
67. Marx, 1990: 697–8.
68. Polivka, 1996: 3.
69. Scheiber, 2015.
70. US Department of Labor, n.d.
71. Dyer-Witheford, 2015: 112–14.
72. 미 노동통계국은 '임시 및 대체고용'이라는 범주로 긱경제를 간접적으로 측정한다. 그러나 예산 부족으로 2005년 이후에는 조사가 중단되었다. 2017년에는 새로운 조사를 준비하고 있다. BLS Commissioner, 2016.
73. US Department of Labor, 2005: 17.
74. 이 수치는 노동통계국의 조사를 최대한 재연한 연구에 기초한다. 다음 자료를 참고하기 바란다. Katz and Krueger, 2016.
75. Ibid.
76. Wile, 2016.
77. Office for National Statistics, 2014: 3.
78. Katz and Krueger, 2016.
79. 몇 가지 추산을 나열하면 다음과 같다. 경제활동인구의 0.5%(Katz and Krueger, 2016), 0.4-1.3%(Harris and Kreuger, 2015: 12), 1.0%(McKinsey: see Manyika, Lund, Robinson, Valentino, and Dobbs, 2015), 2.0%(Intuit: see Business

Wire, 2015). 버슨 마스텔러의 이상치 연구에 따르면, 미국의 경제활동인구 가운데 28.6%가 긱경제를 통해 서비스를 판매한다. 다음 자료를 참고하기 바란다. Burson-Marsteller, Aspen Institute, and TIME, 2016.

80. Harris and Krueger, 2015: 12.
81. 몇 가지 추산을 정리하면 다음과 같다. 경제활동인구의 3.0%(Coyle, 2016: 7), 3.9%(Huws and Joyce, 2016), 6.0%(BusinessWire, 2015). 또한 다음 자료를 참고하기 바란다. Hesse, 2015.
82. 〔공익 조사기관인〕 네스타의 조사에 따르면, 영국인 가운데 25%가 인터넷 기반의 협력 활동에 참여한다. 하지만 이런 활동에는 일자리뿐 아니라 온라인 구매도 포함한다. 또한 여기에는 물건을 기부한다거나 온라인 매체를 구독하는 경우도 해당한다. 다른 한편〔소프트웨어 개발사인〕인튜잇의 조사 결과를 살펴보면, 영국 인구의 6%가 공유경제에 종사한다. 그러나 어떤 자료가 분석에 사용되는지 공개하지 않는다. 다음 자료를 참조하기 바란다. Stokes, Clarence, Anderson, and Rinne, 2014: 25; Hesse, 2015.
83. Henwood, 2015.
84. Berg, 2016.
85. Knight, 2016.
86. 〔옮긴이〕마이크로 잡은 장보기, 집 청소, 강아지 산책 등 일상적 업무를 대행하는 서비스를 말한다. 넓게는 고도의 지식과 숙련이 필요한 업무를 잘게 나눠, 인터넷으로 외주화하는 방식도 포함한다.

87. 더 많은 사례는 아마존웹서비스에서 확인하기 바란다. Amazon Web Services, 2016.
88. Huet, 2016.
89. Ibid.
90. 오늘날 정부의 감시는 공공의 우려를 사고 있다. 그러나 기업의 감시도 그만큼 위험한 현상이다. Pasquale, 2015.
91. 'Reinventing the Deal', 2015.
92. CB Insights, 2015.
93. Ibid.
94. CB Insights, 2016a.
95. National Venture Capital Association, 2016: 9; Crain, 2014: 374.
96. CB Insights, 2016d.
97. O'Keefe and Jones, 2015.
98. Chen, 2014.
99. 'The Age of the Torporation', 2015.

3장. 거대한 플랫폼 전쟁

1. Perez, 2009: 782.
2. MIT Technolosgy Review, 2016: 7.
3. See Burson-Marsteller, 2016.
4. Meeker, 2016; Herrman, 2016.
5. Brenner and Glick, 1991: 89.
6. 이를 근거로 영국의 상원에서는 플랫폼의 독점이 심각한 문제가 아니라고 주장한다. Select Committee on European

Union, 2016.

7. Wheelock, 1983; Baran and Sweezy, 1966: 76.
8. MIT Technology Review, 2016: 6.
9. Zuboff, 2015: 79.
10. Stucke and Grunes, 2016: 45.
11. Ibid., 40.
12. 흥미롭게도, 최초의 '사물인터넷'은 1989년에 만들어진 토스터였다. 이 장치는 인터넷에 연결된 상태로 제어되었다.
13. Kelion, 2013.
14. Mason, 2016.
15. Zuboff, 2016.
16. Zuboff, 2015: 79–80.
17. Bratton, 2015: 116.
18. Metz, 2012.
19. Shankland, 2009.
20. Metz, 2012.
21. MIT Technology Review, 2016: 8.
22. Stucke and Grunes, 2016: 127–8.
23. Bradshaw, 2016.
24. Kuang, 2016.
25. Schiller, 2014: 91–3.
26. 〔옮긴이〕 데이터 추출의 확장, 경계관리의 점유 또는 생태계 확장을 말한다.
27. Stucke and Grunes, 2016: 106.
28. Bratton, 2015: 142.

29. Taylor, 2016.
30. World Bank, 2016: 109.
31. 〔옮긴이〕 원문에서는 세 번째 경향이라고 하고 있지만, 앞에서 말했듯이 데이터 추출의 확대, 경계관리의 점유(생태계 확장), 시장의 수렴(사업 영역의 확장)에 이어 네 번째 경향이라고 봐야 한다.
32. Morozov, 2015a: 56.
33. Bowles, 2016.
34. Bratton, 2015: 118.
35. Lardinois, 2016.
36. Ibid., 119.
37. US Department of Labor, 2016b.
38. US Department of Labor, 2016b.
39. Word Steel Association, 2016.
40. Mitchell, 2016.
41. 'Gluts for Punishment', 2016.
42. The Conference Board, 2015: 4.
43. Ibid., 5.
44. Farr, 2015.
45. Kaminska, 2016c.
46. 〔옮긴이〕 마이크로프로그래밍은 소프트웨어 방식으로 CPU를 제어하는 작업이다. 전용 회로를 짜는 데 비해 회로 구성이 단순해지고, 명령을 변경하거나 추가하더라도 회로를 바꾸지 않는다. 간단히 코드만 수정해도 동일한 효과를 보인다.

47. Levine and Somerville, 2016.
48. Farr, 2015.
49. [옮긴이] 디디추싱을 말한다.
50. Jourdan and Ruwitch, 2016.
51. Biddle, 2014.
52. Shinal, 2016.
53. Kim, 2016.
54. WordStream, 2011.
55. Bradshaw, 2012.
56. Vega and Elliott, 2011.
57. Jones, 1985; Chang and Chan-Olmsted, 2005; van der Wurff, Bakker, and Picard, 2008.
58. McKinsey & Company, 2015: 7, 11.
59. Ibid., 17.
60. 'The Cost of Ad Blocking', 2016: 3; Meeker, 2016.
61. 'The Cost of Ad Blocking', 2016: 3; Meeker, 2016.
62. Pollack, 2016.
63. Morozov, 2016.
64. Smith, 2016.
65. Scholz, 2015.

옮긴이 후기

1. 이 글은 몇 가지 글을 직간접적으로 인용하거나 참조했다. 후기의 특성상 일일이 출처는 밝히지 않았다. 폴 메이슨(지음), 안진이(옮김), 《포스트자본주의: 새로운 시작》, 도서출판 길

벗, 2017. Alex Williams, Nick Srnicek, #ACCELERATE: Manifesto for an Accelerationist Politics, 2010; *Inventing the Future: Postcapitalism and a World Without Work*, Verso, 2016. Benjamin Noys, *Malign Velocities: Accerlationism and Capitalism*, Zerobooks, 2014; Steven Shaviro, Accelerationism Without Accelerationism, 2015 http://www.shaviro.com/Blog/?p=1328; Steven Shaviro, *No Speed Limit: Three Essays on Accelerationism*, University of Minnesota Press, 2015. 이 중 〈가속주의 정치를 위한 선언〉과 〈가속주의 없는 가속주의〉는 김효진 선생의 번역을 참고했다. 〈가속주의 정치를 위한 선언〉은 원문뿐 아니라 번역본을 쉽게 찾을 수 있으므로 이 책의 배경을 이해하려면 읽어보는 것이 좋겠다. 다음 사이트를 참조하기 바란다. https://syntheticedifice.wordpress.com/2014/03/13/accelerate-manifesto-for-an-accelerationist-politics/

2. 카를 마르크스, 프리드리히 엥겔스(지음), 〈자유무역 문제에 대한 연설〉, 《칼 맑스 프리드리히 엥겔스 저작 선집 1》, 박종철출판사, 1997.

참고문헌

'The Age of the Torporation'. 2015. *The Economist*, 24 October. http://www.economist.com/news/ business/21676803-big-listed-firms-earnings-have-hit-wall-deflation-and-stagnation-age-torporation (accessed 4 June 2015).

Alessi, Christopher. 2014. 'Germany Develops "Smart Factories" to Keep an Edge'. *MarketWatch*, 27 October. http://www.marketwatch.com/story/germany-develops-smart-factories-to-keep-an-edge-2014-10-27 (accessed 2 June 2016).

Amazon Web Services. 2016. 'Case Studies and Customer Success Stories, Powered by the AWS Cloud'. https://aws.amazon.com/solutions/casestudies (accessed 12 June 2016).

Andrae, Anders, and Peter Corcoran. 2013. 'Emerging Trends in Electricity Consumption for Consumer ICT'. NUI Galway. https://aran.library.nuigalway.ie/handle/10379/3563 (accessed 2 June 2016).

Antolin-Diaz, Juan, Thomas Drechsel, and Ivan Petrella. 2015. 'Following the Trend: Tracking GDP When Long-Run Growth Is Uncertain'. Fulcrum. https://www.fulcrumasset.com/Research/

ResearchPapers/2015-09-25/Following-the-Trend-Tracking-GDP-when-longrun-growth-is-uncertain (accessed 2 June 2016).

Asay, Matt. 2015. 'Amazon's Cloud Business Is Worth At Least $70 Billion'. *ReadWrite*, 23 October. http://readwrite.com/2015/10/23/aws-amazon-cloud (accessed 2 June 2016).

Baldwin, Carliss, and C. Jason Woodard. 2009. 'The Architecture of Platforms: A Unified View'. In *Platforms, Markets and Innovation*, edited by Annabelle Gawer, pp. 19–44. Cheltenham: Edward Elgar.

Baran, Paul, and Paul Sweezy. 1966. *Monopoly Capital: An Essay on the American Economic and Social Order*. Harmondsworth: Penguin Books.

Berg, Janine. 2016. 'Highlights from an ILO Survey of Crowdworkers'. Paper presented at the Workshop on the Measurement of Digital Work, Brussels, 18 February. http://dynamicsofvirtualwork.com/wp-content/uploads/2016/03/Berg-presentation.pdf (accessed 2 June 2016).

Bergeaud, Antonin, Gilbert Cette, and Rémy Lecat. 2015. 'Productivity Trends in Advanced Countries between 1890 and 2012'. *Review of Income and Wealth*. doi: 10.1111/roiw.12185.

Bernanke, Ben. 2012. 'Monetary Policy since the Onset of the Crisis'. Paper presented at the Federal Reserve Bank of Kansas City Economic Symposium, Jackson Hole, Wyoming, 31 August. https://www.federalreserve.gov/newsevents/speech/bernanke20120831a.htm (accessed 2 June 2016).

Biddle, Sam. 2014. 'Uber's Dirty Trick Campaign Against NYC Competition Came From the Top'. *Valleywag*, 24 January. http://valleywag.gawker.com/ubers-dirty-trick-campaign-against-nyc-competition-cam-1508280668 (accessed 2 June 2016).

Blinder, Alan. 2016. 'Offshoring: The Next Industrial Revolution?'

> *Foreign Affairs*, March–April. https://www.foreignaffairs.com/articles/2006-03-01/offshoring-next-industrial-revolution (accessed 2 June 2016).

BLS Commissioner. 2016. 'Why This Counts: Measuring "Gig" Work'. *Commissioner's Corner*, 3 March. http://blogs.bls.gov/blog/2016/03/03/why-this-counts-measuring-gig-work (accessed 2 June 2016).

Bonaccorsi, Andrea, and Paola Giuri. 2000. 'Industry Life Cycle and the Evolution of an Industry Network'. LEM Working Papers Series, Laboratory of Economics and Management (LEM), Sant'Anna School of Advanced Studies, Pisa. http://www.lem.sssup.it/WPLem/files/2000-04.pdf (accessed 2 June 2016).

Bowles, Nellie. 2016. 'Facebook's "Colonial" Free Basics Reaches 25 Million People – Despite Hiccups'. *The Guardian*, 12 April 12. http://www.theguardian.com/technology/2016/apr/12/facebook-free-basics-program-reach-f8-developer-conference (accessed 2 June 2016).

Bradshaw, Tim. 2012. 'European Advertising Spending Off Target'. *Financial Times*, 19 June. http://www.ft.com/cms/s/0/5585ecc8-b964-11e1-a470-00144feabdc0.html (accessed 30 June 2016).

Bradshaw, Tim. 2016. 'How Tiny Android Became a Giant in the Smartphone Galaxy'. *Financial Times*, 20 April. http://www.ft.com/cms/s/0/9271f24c-0714-11e6-9b51-0fb5e65703ce.html#axzz4B0RCjtDo (accessed 2 June 2016).

Bratton, Benjamin. 2015. *The Stack: On Software and Sovereignty*. Cambridge, MA: MIT Press.

Braverman, Harry. 1999. *Labor and Monopoly Capitalism: The Degradation of Work in the Twentieth Century* (25th anniversary edn). New York: Monthly Review Press.

Brenner, Robert. 2002. *The Boom and the Bubble: The US in the World

Economy. London: Verso.

Brenner, Robert. 2006. *The Economics of Global Turbulence*. London: Verso.

Brenner, Robert. 2007. 'Property and Progress: Where Adam Smith Went Wrong'. In *Marxist History Writing for the Twenty-First Century*, edited by Chris Wickham, pp. 49–111. Oxford: Oxford University Press.

Brenner, Robert. 2009. 'What Is Good for Goldman Sachs Is Good for America: The Origins of the Present Crisis', pp. 1–73. e-Scholaship, Center for Social Theory and Comparative History, UCLA, October. http://escholarship.org/uc/item/0sg0782h (accessed 7 June 2016).

Brenner, Robert, and Mark Glick. 1991. 'The Regulation Approach: Theory and History'. *New Left Review*, 188: 45–119.

'Britain's Lonely High-Flier' (Editor's Note). 2009. *The Economist*, 8 January. http://www.economist.com/node/12887368 (accessed 4 June 2016).

Bughin, Jacques, Michael Chui, and James Manyika. 2015. 'An Executive's Guide to the Internet of Things'. McKinsey&Company. August. http://www.mckinsey.com/business-functions/business-technology/our-insights/an-executives-guide-to-the-internet-of-things (accessed 4 June 2016).

Burrington, Ingrid. 2016. 'Why Amazon's Data Centers Are Hidden in Spy Country'. *The Atlantic*, 8 January. http://www.theatlantic.com/technology/archive/2016/01/amazon-web-services-data-center/423147 (accessed 4 June 2016).

Burson-Marsteller. 2016. 'Net Display Ad Revenues Worldwide, by Company, 2014–2016'. https://pbs.twimg.com/media/Chsi8ZwUgAA-NnG.jpg (accessed 4 June 2016).

Burson-Marsteller, Aspen Institute, and TIME. 2016. *The On-Demand Economy Survey*. Burson-Marsteller. 6 January. http://www.

burson-marsteller.com/ondemand-survey (accessed 5 June 2016).

Business Wire. 2015. 'Intuit Forecast: 7.6 Million People in On-Demand Economy by 2020'. Business Wire. 13 August. http://www.businesswire.com/news/home/20150813005317/en (accessed 27 May 2016).

CB Insights. 2015. 'The On-Demand Report' (homepage). https://www.cbinsights.com/research-on-demand-report (accessed 5 June 2016).

CB Insights. 2016a. 'Just 3 Unicorn Startups Take the Majority of On-Demand Funding in 2015'. March. https://www.cbinsights.com/blog/on-demand-funding-top-companies (accessed 27 May 2016).

CB Insights. 2016b. 'Microsoft Races Ahead with M&A as Yahoo, Google and Others Pull Back'. March. https://www.cbinsights.com/blog/top-tech-companies-acquisition-trends (accessed 22 May 2016).

CB Insights. 2016c. 'The New Manufacturing: Funding to Industrial IoT Startups Jumps 83% in 2015'. 3 March. https://www.cbinsights.com/blog/indus trial-iiot-funding (accessed 5 June 2016).

CB Insights. 2016d. 'Tech IPO Report' (homepage). https://www.cbinsights.com/research-tech-ipo-report-2016 (accessed 12 June 2016).

Chang, Byeng-Hee, and Sylvia M. Chan-Olmsted. 2005. 'Relative Constancy of Advertising Spending: A Cross-National Examination of Advertising Expenditures and Their Determinants'. *International Communication Gazette*, 67 (4): 339–57.

Chen, Adrian. 2014. 'The Laborers Who Keep Dick Pics and Beheadings Out of Your Facebook Feed'. *Wired*, 23 October. http://www.wired.com/2014/10/content-moderation (accessed 4 June 2016).

Clark, Jack. 2016. 'Google Taps Machine Learning to Lure Companies to Its Cloud'. Bloomberg Technology. 23 March. http://www.

bloomberg.com/news/articles/2016-03-23/google-taps-machine-learning-to-lure-companies-to-its-cloud (accessed 4 June 2016).

Clark, Meagan, and Angelo Young. 2013. 'Amazon: Nearly 20 Years in Business and It Still Doesn't Make Money, but Investors Don't Seem to Care'. *International Business Times*, 18 December. http://www.ibtimes.com/amazon-nearly-20-years-business-it-still-doesnt-make-money-investors-dont-seem-care-1513368 (accessed 4 June 2016).

Comments of Verizon and Verizon Wireless. 2010. Department of Commerce, 6 December. https://www.ntia.doc.gov/files/ntia/comments/100921457-0457-01/attachments/12%2006%2010%20VZ,%20VZW%20comments_Global%20Internet.pdf (accessed 4 June 2016).

The Conference Board. 2015. 'Productivity Brief 2015: Global Productivity Growth Stuck in the Slow Lane with No Signs of Recovery in Sight'. The Conference Board, New York. https://www.conference-board.org/retrievefile.cfm?filename=The-Conference-Board-2015-Productivity-Brief. pdf&type=subsite (accessed 25 May 2016).

'The Cost of Ad Blocking'. 2016. PageFair and Adobe. https://downloads.pagefair.com/wp-content/uploads/2016/05/2015_report-the_cost_of_ad_blocking.pdf (accessed 4 June 2016).

Coyle, Diane. 2016. *The Sharing Economy in the UK*. London: Sharing Economy UK. http://www.sharingeconomyuk.com/perch/resources/210116thesharingeconomyintheuktpdc.docx1111.docx-2.pdf (accessed 1 June 2016).

Crain, Matthew. 2014. 'Financial Markets and Online Advertising: Reevaluating the Dotcom Investment Bubble'. *Information, Communication & Society*, 17 (3): 371–84.

Davidson, Adam. 2016. 'Why Are Corporations Hoarding Trillions?' *The New York Times*, 20 January. http://www.nytimes.com/2016/01/24/magazine/why-are-corporations-hoarding-trillions.html (accessed 29 May 2016).

Davis, Jerry. 2015. 'Capital Markets and Job Creation in the 21st Century'. Brookings Institution, Washington, DC. http://www.brookings.edu/~/media/research/files/papers/2015/12/30-21st-century-job-creation-davis/capital_markets.pdf (accessed 29 May 2016).

Dishman, Lydia. 2015. 'Thrust for Sale: Innovation Takes Flight'. GE Digital, 10 June. https://www.ge.com/digital/blog/thrust-sale-innovation-takes-flight (accessed 29 May 2016).

Dobbs, Richard, Susan Lund, Jonathan Woetzel, and Mina Mutafchieva. 2015. 'Debt and (Not Much) Deleveraging'. McKinsey Global Institute. http://www.mckinsey.com/global-themes/employment-and-growth/debt-and-not-much-deleveraging#st_refDomain=&st_refQuery= (accessed 9 May 2016).

Dumbill, Edd. 2014. 'Understanding the Data Value Chain'. IBM Big Data & Analytics Hub. 10 November. http://www.ibmbigdatahub.com/blog/understanding-data-value-chain (accessed 29 May 2016).

Dyer-Witheford, Nick. 2015. *Cyber-Proletariat: Global Labour in the Digital Vortex*. London: Pluto Press.

Edwards, Paul. 2010. *A Vast Machine: Computer Models, Climate Data, and the Politics of Global Warming*. Cambridge, MA: MIT Press.

Farr, Christina. 2015. 'Homejoy at the Unicorn Glue Factory'. *Backchannel*. 26 October. https://backchannel.com/why-homejoy-failed-bb0ab39d901a (accessed 25 May 2016).

Federal Reserve Bank of St Louis. 2016a. Personal Saving Rate. https://research.stlouisfed.org/fred2/series/PSAVERT (accessed

12 June 2016).

Federal Reserve Bank of St Louis. 2016b. 'Private fixed investment: Nonresidential: Information processing equipment and software: Computers and peripheral quipment'. Economic Research. https://research.stlouisfed.org/fred2/series/B935RC1Q027SBEA (accessed 12 June 2016).

Finnegan, Matthew. 2014. 'Wearables Health Data "Massive Opportunity" for Retailers, Says Dunnhumby CIO'. Computerworld UK, 2 October. http://www.computerworlduk.com/it-management/wearables-health-data-massive-opportunity-for-retailers-dunnhumby-cio-3574885 (accessed 25 May 2016).

Gagnon, Joseph, Matthew Raskin, Julie Remache, and Brian Sack. 2011. 'The Financial Market Effects of the Federal Reserve's Large-Scale Asset Purchases'. *International Journal of Central Banking*, 7 (1): 3–43.

Gawer, Annabelle. 2009. 'Platform Dynamics and Strategies: From Products to Services'. In *Platforms, Markets and Innovation*, edited by Annabelle Gawer, pp. 45–76. Cheltenham: Edward Elgar.

'Gluts for Punishment'. 2016. *The Economist*, 9 April. http://www.economist.com/news/business/21696552-chinas-industrial-excess-goes-beyond-steel-gluts-punishment (accessed 25 May 2016).

Glyn, Andrew, Alan Hughes, Alain Lipietz, and Ajit Singh. 'The Rise and Fall of the Golden Age'. 1990. In *The Golden Age of Capitalism: Reinterpreting the Postwar Experience*, edited by Stephen Marglin and Juliet Schor, pp. 39–125. Oxford: Oxford University Press.

Goldfarb, Brent, David Kirsch, and David A. Miller. 2007. 'Was There Too Little Entry During the Dot Com Era?' *Journal of Financial Economics*, 86 (1): 100–44.

Goldfarb, Brent, Michael Pfarrer, and David Kirsch. 2005. 'Searching for Ghosts: Business Survival, Unmeasured Entrepreneurial Activity and Private Equity Investment in the Dot-Com Era'. Working Paper RHS-06-027. Social Science Research Network, Rochester. SSRN-id929845, downloadable at http://papers.ssrn.com/abstract=825687 (accessed 25 May 2016).

Goodwin, Tom. 2015. 'The Battle Is for the Customer Interface'. *TechCrunch*. 3 March. http://social.techcrunch.com/2015/03/03/in-the-age-of-disintermediation-the-battle-is-all-for-the-customer-interface (accessed 25 May 2016).

Gordon, Robert. 2000. 'Interpreting the "One Big Wave" in US Long-Term Productivity Growth'. NBER Working Paper 7752. National Bureau of Economic Research. http://www.nber.org/papers/w7752 (accessed 25 May 2016).

Greenspan, Alan. 1996. 'The Challenge of Central Banking in a Democratic Society'. Paper presented at the Annual Dinner and Francis Boyer Lecture of the American Enterprise, Institute for Public Policy Research, Washington, DC, 5 December 5. https://www.federalreserve.gov/boarddocs/speeches/1996/19961205.htm (accessed 25 May 2016).

Harris, Seth, and Alan Krueger. 2015. 'A Proposal for Modernizing Labor Laws for Twenty First Century Work: The "Independent Worker".' The Hamilton Project. Discussion paper 2015-10. December. http://www.hamiltonproject.org/assets/files/modernizing_labor_laws_for_twenty_first_century_work_krueger_harris.pdf (accessed 25 May 2016).

Henwood, Doug. 2003. *After the New Economy*. New York: New Press.

Henwood, Doug. 2015. 'What the Sharing Economy Takes'. *The Nation*, 27 January. http://www.the nation.com/article/what-sharing-economy-takes (accessed 25 May 2016).

Herrman, John. 2016. 'Media Websites Battle Faltering Ad Revenue and Traffic'. *The New York Times*, 17 April. http://www.nytimes.com/2016/04/18/business/media-websites-battle-falteringad-revenue-and-traffic.html (accessed 30 June 2016).

Hesse, Jason. 2015. '6 per cent of Brits Use Sharing Economy to Earn Extra Cash'. Real Business. 15 September. http://realbusiness.co.uk/article/31360-6-per-cent-of-brits-use-sharing-economy-to-earn-extra-cash (accessed 25 May 2016).

Hook, Leslie. 2016. 'Amazon Leases 20 Boeing 767 Freight Jets for Air Cargo Programme'. *Financial Times*, 9 March. http://www.ft.com/cms/s/0/6f3867e8-e617-11e5-a09b-1f8b0d268c39.html (accessed 30 June 2016).

Huet, Ellen. 2016. 'Instacart Gets Red Bull and Doritos to Pay Your Delivery Fees'. Bloomberg Technology. 11 March. http://www.bloomberg.com/news/articles/2016-03-11/instacart-gets-red-bull-and-doritos-to-pay-your-delivery-fees (accessed 6 June 2016).

Huws, Ursula. 2014. *Labor in the Global Digital Economy: The Cybertariat Comes of Age*. New York: Monthly Review Press.

Huws, Ursula, and Simon Joyce. 2016. 'Crowd Working Survey'. University of Hertfordshire. February. http://www.feps-europe.eu/assets/a82bcd12-fb97-43a6-9346-24242695a183/crowd-working-surveypdf.pdf (accessed 27 May 2016).

Hwang, Tim, and Madeleine Clare Elish. 2015. 'The Mirage of the Marketplace: The Disingenuous Ways Uber Hides behind Its Algorithm'. *Slate*, 17 July. http://www.slate.com/articles/technology/future_tense/2015/07/uber_s_algorithm_and_the_mirage_of_the_marketplace.single.html#lf_comment=352895959 (accessed 27 May 2016).

International Federation of the Phonographic Industry. 2015. *IFPI Digital Music Report 2015: Charting the Path to Sustainable Growth*.

London: IFPI. http://www.ifpi.org/downloads/Digital-Music-Report-2015.pdf (accessed 27 May 2016).

Jones, John Philip. 1985. 'Is Total Advertising Going Up or Down?' *International Journal of Advertising*, 4 (1): 47–64.

Jourdan, Adam, and John Ruwitch. 2016. 'Uber Losing $1 Billion a Year to Compete in China'. Reuters. 18 February. http://www.reuters.com/article/uber-china-idUSKCN0VR1M9 (accessed 27 May 2016).

Joyce, Michael, Matthew Tong, and Robert Woods. 2011. 'The United Kingdom's Quantitative Easing Policy: Design, Operation and Impact'. *Quarterly Bulletin*, Q3: 200–212.

Kamdar, Adi. 2016. 'Why Some Gig Economy Startups Are Reclassifying Workers as Employees'. On Labor: Workers, Unions, and Politics. 19 February. http://onlabor.org/2016/02/19/why-some-gig-economy-startups-are-reclassifying-workers-as-employees (accessed 27 May 2016).

Kaminska, Izabella. 2016a. 'Davos: Historians Dream of Fourth Industrial Revolutions'. *Financial Times*, 20 January. http://ftalphaville.ft.com/2016/01/20/2150720/davos-historians-dream-of-fourth-industrial-revolutions (accessed 30 June 2016).

Kaminska, Izabella. 2016b. 'On the Hypothetical Eventuality of No More Free Internet'. *FT Alphaville*. 10 February. http://ftalphaville.ft.com/2016/02/10/2152601/on-the-hypothetical-eventuality-of-no-more-free-internet (accessed 30 June 2016).

Kaminska, Izabella. 2016c. 'Scaling, and Why Unicorns Can't Survive Without It'. FT Alphaville, 15 January. http://ftalphaville.ft.com/2016/01/15/2150403/scaling-and-why-unicorns-cant-survive-without-it (accessed 30 June 2016).

Karabarbounis, Loukas, and Brent Neiman. 2012. 'Declining Labor Shares and the Global Rise of Corporate Saving'. NBER

Working Paper 18154. National Bureau of Economic Research, http://www.nber.org/papers/w18154 (accessed 27 May 2016).

Katz, Lawrence, and Alan Krueger. 2016. 'The Rise of Alternative Work Arrangements and the "Gig" Economy'. Scribd. 14 March. https://www.scribd.com/doc/306279776/Katz-and-Krueger-Alt-Work-Deck (accessed 27 May 2016).

Kawa, Luke. 2016. 'Piles of Cash Mean the Biggest Companies Will Get Even Bigger'. Bloomberg. 21 January. http://www.bloomberg.com/news/articles/2016-01-21/piles-of-cash-mean-the-biggest-companies-will-get-even-bigger (accessed 6 June, 2016).

Kelion, Leo. 2013. 'LG Investigates Smart TV "Unauthorised Spying" Claim'. BBC News. 20 November. http://www.bbc.co.uk/news/technology-25018225 (accessed 27 May 2016).

Khan, Mehreen. 2016. 'Mapped: Negative Central Bank Interest Rates Now Herald New Danger for the World'. *The Telegraph*, 15 February. http://www.telegraph.co.uk/finance/economics/12149894/Mapped-Why-negative-interest-rates-herald-new-danger-for-the-world.html (accessed 22 May 2016).

Kim, Eugene. 2016. 'Dropbox Cut a Bunch of Perks and Told Employees to Save More as Silicon Valley Startups Brace for the Cold'. Business Insider. 7 May. http://uk.businessinsider.com/cost-cutting-at-dropbox-and-silicon-valley-startups-2016-5 (accessed 22 May 2016).

Klein, Matthew. 2016. 'The US Tech Sector Is Really Small'. *Financial Times*, 8 January. http://ftalphaville.ft.com/2016/01/08/2149557/the-us-tech-sector-is-really-small (accessed 30 June 2016).

Knight, Sam. 2016. 'How Uber Conquered London'. *The Guardian*, 27 April. http://www.theguardian.com/technology/2016/apr/27/how-uber-conquered-london (accessed 22 May 2016).

Kosoff, Maya. 2015. 'Uber's Nightmare Scenario'. Business Insider. 19

Krugman, Paul. 1998. 'It's Baaack: Japan's Slump and the Return of the Liquidity Trap'. *Brookings Papers on Economic Activity*, 29 (2): 137–206.

Kuang, Cliff. 2016. 'How Facebook's Big Bet on Chatbots Might Remake the UX of the Web'. Co.Desi.gn. 12 April. http://www.fastcodesign.com/3058818/how-facebooks-big-bet-on-chatbots-might-remake-the-ux-of-the-web (accessed 22 May 2016).

Lardinois, Frederic. 2016. 'Microsoft and Facebook Are Building the Fastest Trans-Atlantic Cable Yet'. *TechCrunch*, 26 May. https://techcrunch.com/2016/05/26/microsoft-and-facebook-are-building-the-fastest-trans-atlantic-cable-yet(accessed 30 June 2016).

Levine, Dan, and Heather Somerville. 2016. 'Uber Drivers, if Employees, Owed $730 Million More: US Court Papers'. Reuters. 10 May. http://www.reuters.com/article/us-uber-tech-drivers-lawsuit-idUSKCN0Y02E8(accessed 22 May 2016).

Löffler, Markus, and Andreas Tschiesner. 2013. 'The Internet of Things and the Future of Manufacturing'. McKinsey & Company. http://www.mckinsey.com/insights/business_technology/the_internet_of_things_and_the_future_of_manufac turing (accessed 22 May 2016).

Manyika, James, Susan Lund, Kelsey Robinson, John Valentino, and Richard Dobbs. 2015. 'A Labor Market That Works: Connecting Talent with Opportunity in the Digital Age'. McKinsey Global Institute. http://www.mckinsey.com/global-themes/employment-and-growth/connecting-talent-with-opportunity-in-the-digital-age (accessed 22 May 2016).

Marx, Karl. 1990. *Capital: A Critique of Political Economy*, vol. 1, translated by Ben Fowkes. London: Penguin. 카를 마르크스(지음), 김수행(옮김), 《자본론 1 상》, 비봉출판사, 2015.

Mason, Will. 2016. 'Oculus "Always On" Services and Privacy Policy May Be a Cause for Concern'. UploadVR. 1 April. http://uploadvr.com/facebook-oculus-privacy (accessed 22 May 2016).

Maxwell, Richard, and Toby Miller. 2012. *Greening the Media*. Oxford: Oxford University Press.

McBride, Sarah, and Narottam Medhora. 2016. 'Amazon Profit Crushes Estimates as Cloud-Service Revenue Soars'. Reuters. 28 April. http://www.reuters.com/article/us-amazon-results-idUSKCN0XP2WD (accessed 22 May 2016).

McKinsey & Company. 2015. *Global Media Report*, 2015: Global Industry Overview. Global Media and Entertainment Practice. http://www.mckinsey.com/~/media/mckinsey/industries/media%20and%20entertainment/our%20insights/the%20state%20of%20global%20media%20spending/mckinsey%20global%20media%20report%202015. ashx (accessed 25 May 2016).

Meeker, Mary. 2016. *Internet Trends 2016*. Kleiner Perkins Caufield & Byers. http://www.kpcb.com/internet-trends (accessed 30 June 2016).

Metz, Cade. 2012. 'If Xerox PARC Invented the PC, Google Invented the Internet'. *Wired*, 8 August. http://www.wired.com/2012/08/google-as-xerox-parc (accessed 22 May 2016).

Metz, Cade. 2015. 'Google Is 2 Billion Lines of Code – And It's All in One Place'. *Wired*, 16 September. http://www.wired.com/2015/09/google-2-billion-lines-codeand-one-place (accessed 22 May 2016).

Miller, Ron. 2015a. 'GE Adds Infrastructure Services to Internet of Things Platform'. *TechCrunch*. 4 August. http://social.techcrunch.

com/2015/08/04/ge-adds-infrastructure-services-to-internet-of-things-platform (accessed 10 April 2016).

Miller, Ron. 2015b. 'GE Predicts Predix Platform Will Generate $6B in Revenue This Year'. *TechCrunch*. 29 September. http://social.techcrunch.com/2015/09/29/ge-predicts-predix-platform-will-generate-6b-in-revenue-this-year (accessed 10 April 2016).

Miller, Ron. 2016. 'IBM Launches Quantum Computing as a Cloud Service'. *TechCrunch*. 3 May. http://social.techcrunch.com/2016/05/03/ibm-brings-experimental-quantum-computing-to-the-cloud (accessed 22 May 2016).

Mitchell, Tom. 2016. 'China Steel Overcapacity to Remain After Restructuring'. *Financial Times*, 10 April. http://www.ft.com/cms/s/0/e62e3722-fee2-11e5-ac98-3c15a1aa2e62.html?siteedition=uk (accessed 30 June 2016).

MIT Technology Review. 2016. 'The Rise of Data Capital'. http://files.technologyreview.com/white-papers/MIT_Oracle+Report-The_Rise_of_Data_Capital.pdf (accessed 5 June 2016).

Moore, Jason W. 2015. *Capitalism in the Web of Life: Ecology and the Accumulation of Capital*. London: Verso.

Morozov, Evgeny. 2015a. 'Socialize the Data Centres!' *New Left Review*, 91: 45–66.

Morozov, Evgeny. 2015b. 'The Taming of Tech Criticism'. *The Baffler*, 27. http://thebaffler.com/salvos/taming-tech-criticism (accessed 22 May 2016).

Morozov, Evgeny. 2016. 'Tech Titans Are Busy Privatising Our Data'. *The Guardian*, 24 April. http://www.theguardian.com/commentisfree/2016/apr/24/the-new-feudalism-silicon-valley-overlords-advertising-necessary-evil (accessed 22 May 2016).

Murray, Alan. 2016. 'How GE and Henry Schein Show That Every Company Is a Tech Company'. *Fortune*, 10 June. http://fortune.

com/2016/06/10/henry-schein-ge-digital-revolution (accessed 30 June 2016).

National Venture Capital Association. 2016. *Yearbook 2016*. Arlington: NVCA. http://nvca.org/?ddownload=2963 (accessed 22 May 2016).

Office for National Statistics. 2014. 'Self-Employed Workers in the UK: 2014'. Office for National Statistics, London, 20 August. http://www.ons.gov.uk/ons/dcp171776_374941.pdf (accessed 4 June 2016).

Office for National Statistics. 2016b. 'Employment by Industry: EMP13' (emp13may2016xls). http://www.ons.gov.uk/employmentandlabourmarket/peopleinwork/employmentandem ployeetypes/datasets/employmentbyindustryemp13 (accessed 29 May 2016).

Office for National Statistics. 2016a. 'Economic Review: April 2016'. Office for National Statistics, London, 6 April. https://www.ons.gov.uk/economy/nationalaccounts/uksectoraccounts/articles/economicreview/april2016 (accessed 29 May 2016).

O'Keefe, Brian, and Marty Jones. 2015. 'Uber's Elaborate Tax Scheme Explained'. *Fortune*, 22 October. http://fortune.com/2015/10/22/uber-tax-shell (accessed 22 May 2016).

Pasquale, Frank. 2015. 'The Other Big Brother'. *The Atlantic*, 21 September. http://www.theatlantic.com/business/archive/2015/09/corporate-surveillance-activists/406201 (accessed 22 May 2016).

Perez, Carlota. 2009. 'The Double Bubble at the Turn of the Century: Technological Roots and Structural Implications'. *Cambridge Journal of Economics*, 33 (4): 779–805.

Piketty, Thomas. 2014. *Capital in the Twenty-First Century*, translated by Arthur Goldhammer. Cambridge, MA: Harvard University Press.

Polivka, Anne. 1996. 'Contingent and Alternative Work Arrangements,

Defined'. *Monthly Labor Review*, 119 (10): 3–9.

Pollack, Lisa. 2016. 'What Is the Price for Your Personal Digital Dataset?' *Financial Times*, 10 May. http://www.ft.com/cms/s/0/1d5bd1d0-15f6-11e6-9d98-00386a18e39d.html (accessed 30 June 2016).

Rachel, Łukasz, and Thomas Smith. 2015. 'Secular Drivers of the Global Real Interest Rate'. Staff Working Paper 571. London: Bank of England. https://bankunderground.co.uk/2015/07/27/drivers-of-long-term-global-interest-rates-can-weaker-growth-explain-the-fall (accessed June 12, 2016).

'Reinventing the Deal'. 2015. *The Economist*, 24 October. http://www.economist.com/news/briefing/21676760-americas-startups-are-changing-what-it-means-own-company-reinventing-deal (accessed 4 June 2016).

Rochet, Jean-Charles, and Jean Tirole. 2003. 'Platform Competition in Two-Sided Markets'. *Journal of the European Economic Association*, 1 (4): 990–1029.

Rochet, Jean-Charles, and Jean Tirole. 2006. 'Two-Sided Markets: A Progress Report'. *The RAND Journal of Economics*, 37 (3): 645–67.

Scheiber, Noam. 2015. 'Growth in the "Gig Economy" Fuels Work Force Anxieties'. *The New York Times*, 12 July. http://www.nytimes.com/2015/07/13/business/rising-economic-insecurity-tied-to-decades-long-trend-in-employment-practices.html (accessed 4 June 2016).

Schiller, Dan. 2014. *Digital Depression: Information Technology and Economic Crisis*. Chicago, IL: University of Illinois Press.

Scholz, Trebor. 2015. *Platform Cooperativism: Challenging the Corporate Sharing Economy*. New York: Rosa Luxemburg Stiftung. http://www.rosalux-nyc.org/wp-content/files_mf/scholz_platformcooperativism_2016.pdf (accessed 4 June 2016).

Select Committee on European Union. 2016. *Online Platforms and the Digital Single Market*. London: House of Lords. http://www.publications.parliament.uk/pa/ld201516/ldselect/ldeucom/129/129.pdf (accessed 30 June 2016).

Shankland, Stephen. 2009. 'Google Uncloaks Once Secret Server'. CNET. 11 December. http://www.cnet.com/news/google-uncloaks-once-secret-server-10209580 (accessed 4 June 2016).

Shinal, John. 2016. 'Bye-Bye Internet Bubble 2.0'. *USA Today*, 7 February. http://www.usatoday.com/story/tech/columnist/shinal/2016/02/05/bye-bye-internet-bubble-20/79887644 (accessed 4 June 2016).

Smith, Gerry. 2016. 'New York Times to Start Delivering Meal Kits to Your Home'. Bloomberg Technology. 5 May. http://www.bloomberg.com/news/articles/2016-05-05/new-york-times-to-start-delivering-meal-kits-to-your-home (accessed 4 June 2016).

Spross, Jeff. 2016. 'Rich People Have Nowhere to Put Their Money: This Is a Serious Problem'. *The Week*, 22 January. http://theweek.com/articles/600523/rich-people-have-nowhere-money-serious-problem (accessed 4 June 2016).

Srnicek, Nick, and Alex Williams. 2015. *Inventing the Future: Postcapitalism and a World without Work*. London: Verso.

Stokes, Kathleen, Emma Clarence, Lauren Anderson, and April Rinne. 2014. *Making Sense of the UK Collaborative Economy*. London: Nesta. https://www.nesta.org.uk/sites/default/files/making_sense_of_the_uk_collaborative_economy_14.pdf (accessed 4 June 2016).

Stucke, Maurice, and Allen Grunes. 2016. *Big Data and Competition Policy*. Oxford: Oxford University Press.

Taylor, Edward. 2016. 'Amazon, Microsoft Look for Big Data Role in Self-Driving Cars'. *Reuters*, 1 April. http://www.reuters.com/article/us-automakers-here-amazon-idUSKCN0WX2D8(accessed

4 June 2016).

Terranova, Tiziana. 2000. 'Free Labor: Producing Culture for the Digital Economy'. *Social Text*, 18 (2.63): 33–58.

US Department of Labor. 2005. 'Contingent and Alternative Employment Arrangements, February 2005'. News. Bureau of Labor Statistics, Washington, DC. http://www.bls.gov/news.release/pdf/conemp.pdf (accessed 4 June 2016).

US Department of Labor. 2016a. 'Databases, Tables and Calculators by Subject: Output'. Bureau of Labor Statistics, Washington, DC. http://data.bls.gov/timeseries/PRS30006042 (accessed 9 June, 2016).

US Department of Labor. 2016b. 'Databases, Tables and Calculators by Subject: Output: Labor Productivity'. Bureau of Labor Statistics. http://data.bls.gov/timeseries/PRS30006042(accessed 9 June, 2016).

US Department of Labor, n.d. 'Press Releases: Employee Misclassification as Independent Contractors'. Wage and Hour Division (WHD). http://www.dol.gov/whd/workers/misclassification/pressrelease.htm (accessed 12 June, 2016).

US Energy Information Administration. n.d. 'International Energy Statistics: Electricity Consumption'. https://www.eia.gov/cfapps/ipdbproject/iedindex3.cfm?tid=2&pid=2&aid=2&cid=regions&syid=2012&eyid=2012&unit=BKWH (accessed 12 May 2016).

van der Wurff, Richard, Piet Bakker, and Robert Picard. 2008. 'Economic Growth and Advertising Expenditures in Different Media in Different Countries'. *Journal of Media Economics*, 21 (1): 28–52.

Varian, Hal. 2009. 'Online Ad Auctions'. *American Economic Review*, 99 (2): 430–34.

Varian, Hal. 2015. 'Big Data and Economic Measurement'. Paper presented at the Stockholm School of Economics, Stockholm External Seminar, 7 September. https://soundcloud.com/snsinfo/2015-09-08-sns-sifr-finanspanel-googles-chefekonomhal-varian (accessed June 10, 2016).

Vega, Tanzina, and Stuart Elliott. 2011. 'After Two Slow Years, an Industry Rebound Begins'. *The New York Times*, 2 January. http://www.nytimes.com/2011/01/03/business/media/03adco.html (accessed 29 May 2016).

Vercellone, Carlo. 2007. 'From Formal Subsumption to General Intellect: Elements for a Marxist Reading of the Thesis of Cognitive Capitalism'. *Historical Materialism*, 15 (1): 13–36.

Wark, McKenzie. 2004. *A Hacker Manifesto*. Cambridge, MA: Harvard University Press.

Waters, Richard. 2016. 'Microsoft's Nadella Taps Potential of Industrial Internet of Things'. *Financial Times*, 22 April. http://www.ft.com/cms/s/0/c8e2e1d0-0861-11e6-a623-b84d06a39ec2.html (accessed 30 June 2016).

Webb, Alex. 2015. 'Can Germany Beat the US to the Industrial Internet?' Bloomberg Businessweek, 18 September. http://www.bloomberg.com/news/articles/2015-09-18/can-the-mittelstand-fend-off-us-software-giants- (accessed 29 May 2016).

Wheelock, Jane. 1983. 'Competition in the Marxist Tradition'. *Capital & Class*, 7 (3): 18–47.

Wile, Rob. 2016. 'There Are Probably Way More People in the "Gig Economy" Than We Realize'. *Fusion*. Accessed 24 March. http://fusion.net/story/173244/there-are-probably-way-more-people-in-the-gig-economy-than-we-realize (accessed 29 May 2016).

Wittel, Andreas. 2016. 'Digital Marx: Toward a Political Economy of Distributed Media'. In *Marx in the Age of Digital Capitalism*, edited by Christian Fuchs and Vincent Mosco, pp. 68–104.

Leiden: Brill.

World Bank. 2016. 'World Development Reports, 2016: Digital Dividends'. Washington, DC. http://www.worldbank.org/en/publication/wdr2016 (accessed 29 May 2016).

World Economic Forum. 2015. 'Industrial Internet of Things: Unleashing the Potential of Connected Products and Services'. New York. http://www3.weforum.org/docs/WEFUSA_IndustrialInternet_Report2015.pdf (accessed 27 May 2016).

Word Steel Association. 2016. 'March 2016 Crude Steel Production'. Brussels. http://www.worldsteel.org/statistics/crude-steel-production-2016-2015.html (accessed 29 May 2016).

WordStream. 2011. 'What Industries Contributed the Most to Google's Earnings?' WordStream Inc. http://www.wordstream.com/articles/google-earnings (accessed 29 May 2016).

Zaske, Sara. 2015. 'Germany's Vision for Industrie 4.0: The Revolution Will Be Digitised'. *ZDNet*, 23 February. http://www.zdnet.com/article/germanys-vision-for-industrie-4-0-the-revolution-will-be-digitised (accessed 10 June 2016).

Zuboff, Shoshana. 2015. 'Big Other: Surveillance Capitalism and the Prospects of an Information Civilization'. *Journal of Information Technology*, 30 (1): 75–89. doi: 10.1057/jit.2015.5.

Zuboff, Shoshana. 2016. 'Google as a Fortune Teller: The Secrets of Surveillance Capitalism'. *Frankfurter Allgemeine Zeitung*, 5 March. http://www.faz.net/aktuell/feuilleton/debatten/the-digital-debate/shoshana-zuboff-secrets-of-surveillance-capitalism-14103616.html (accessed 12 June 2016).

Zucman, Gabriel. 2015. *The Hidden Wealth of Nations: The Scourge of Tax Havens*, translated by Teresa Lavender Fagan. Chicago, IL: University Of Chicago Press.

플랫폼 자본주의

초판 1쇄 2020년 5월 27일 펴냄
초판 3쇄 2021년 10월 25일 펴냄

지은이	닉 서르닉
옮긴이	심성보
펴낸이	심성보
디자인	김정활

펴낸곳	킹콩북
출판등록	2013년 7월 15일 제324-2013-000030호
주소	서울시 강동구 천중로 195-28(길동) 202호
전화	070 - 8273 - 2249
전송	0505 - 326 - 2249
전자우편	kingkongbook@daum.net

ISBN 979-11-955071-6-0 (03300)

이 도서의 국립중앙도서관 출판예정도서목록(CIP)은
서지정보유통지원시스템 홈페이지(http://seoji.nl.go.kr)와
국가자료종합목록 구축시스템(http://www.nl.go.kr/kolisnet)에서
이용하실 수 있습니다. (CIP제어번호: CIP2020017386)